황진이, 풍류와 지성으로 살다

황진이, 풍류와 지성으로 살다

초판 1쇄 인쇄 · 2020년 4월 25일
초판 1쇄 발행 · 2020년 4월 30일

지은이 · 이화형
펴낸이 · 한봉숙
펴낸곳 · 푸른사상사

주간 · 맹문재 | 편집 · 지순이 | 교정 · 김수란
등록 · 1999년 7월 8일 제2-2876호
주소 · 경기도 파주시 회동길 337-16 푸른사상사
대표전화 · 031) 955-9111(2) | 팩시밀리 · 031) 955-9114
이메일 · prun21c@hanmail.net / prunsasang@naver.com
홈페이지 · http://www.prun21c.com

ⓒ 이화형, 2020

ISBN 979-11-308-1664-7   03330

값 13,900원

이 도서의 국립중앙도서관 출판예정도서목록(CIP)은 서지정보유통지원시스템
홈페이지(http://seoji.nl.go.kr)와 국가자료종합목록 구축시스템(http://kolis-net.
nl.go.kr)에서 이용하실 수 있습니다. (CIP제어번호 : CIP2020015926)

지식에세이

6

이화형 교수의 기생 이야기 ❷

황진이, 풍류와 지성으로 살다

푸른사상
PRUNSASANG

우리도 인간이다

나는 남성이지만 오랫동안 여성 문제에 관심을 갖고 연구를 해왔다. 여성이 남성에 비해서 차별과 억압을 당하고 있는 현실에 대한 비판적 인식이 바탕이 되었다. 그리고 다른 한편으로는 인간이 인간답게 살아갈 수 있는 가능성을 여성이 가진 다양한 미덕들에서 찾을 수 있다는 생각이 있었다.

그중에서도 한국연구재단의 지원으로 12명의 팀을 꾸려 3년간 근현대 여성 잡지를 모두 검토하여『한국 근대여성들의 일상문화』(전9권, 2004)와『한국 현대여성들의 일상문화』(전8권, 2005)를 출간함으로써 방대한 자료를 정리한 것은 참으로 보람 있는 일이다. 그 뒤로『뜻은 하늘에 몸은 땅에』(2009),『여성, 역사 속의 주체적인 삶』(2016) 등으로 여성 연구는 계속되었다.

그러나 이러한 연구들이 대중들과는 거리가 있다는 점이 늘 아쉬웠던 차에 좀 더 많은 독자들과 소통하기 위한 책을 써야겠다는 생각이 들었다. 학술서의 한계를 넘어 한국 여성에 관한 지식을 다양한 독자들과 공유하려는 의도로 '지식에세이'라는 이름의 총서(9권) 출간을 기획하였다. 그래서 2017년 1차로 『주체적 삶, 전통여성』, 『융합적 인재, 신사임당』, 『강직한 지식인, 인수대비』 등의 세 권의 저서를 간행했다. 그리고 이번에 '기생'에 관하여 세 권의 책을 세상에 내놓게 되었다. 1권은 총론이고, 2권과 3권은 기생을 대표하는 황진이와 이매창에 관한 것이다.

몇 년 전 예인이라는 뜻을 지닌 게이샤(藝者)를 보기 위해 교토를 찾아간 일이 있다. 단순한 호기심을 넘어 역사 속의 기생이 오늘의 문화로 살아 있다는 게 참으로 부러웠다. 우리의 경우는 일제강점기까지 살아 있었던 기생이 지금은 완전히 자취를 감추고 말았다. 물론 조선의 많은 기생들이 생계 수단으로 남자들의 유흥을 돕고 성을 제공했으며 일제 시기 창녀로 전락하는 불운을 겪기도 했으나, 국가의 연예를 책임지는 역사적 정당성을 갖고 존속했던 기생이 오늘날 전혀 남아 있지 않은 것은 애석한 일이다.

밥이나 얻어먹고 교육을 받지 않는다면 짐승과 다를 바 없다며 교육에 적극 참여하고 사회적 활동을 전개하던 신여성이 등장하기 이전에 기생들은 이미 그러한 모습을 보여주었다. 기생들은 해방 시기까지 교방, 장악원, 권번 등에서 전문적이고 엄격한 교육을 받고 자신들의 공적 역할을 다하려 했다. 또한 가무를 비롯하여 시서화, 예절, 교양까지 철저히 익혀 예인으로 손색이 없는 엔터테이너로서 활약했던 기생들이야말로 오늘날 주목받고 있는 연예인보다 고품격의 예술인이었다.

무엇보다 1920년대 대거 신여성들이 '우리도 인간이다'라고 외치기 전에 주체적 의식을 지니고 있던 기생들은 '우리도 사람이다'라는 새로운 자각 속에 『장한』이라는 잡지를 출간하기도 했다. 또한 근대의 신여성들이 마음만 깨끗하면 언제든 처녀일 수 있다며 '신정조론'을 주장하기 이전에 많은 기생들이 육체보다 정신적 순결이 중요함을 강조했다.

더욱이 신여성들이 일제강점기 국권 회복을 위해 독립운동의 기개를 보이기 이전에 기생들은 임병양란에서부터 해방 시기까지 국난을 극복하기 위해 헌신하였다. 기생들은 유교

정신에 반하는 화려한 외관에도 불구하고 나름 충효열의 이념을 실천했던 것이다.

기생들은 여성이자 최하위 신분이라는 몇 겹의 억압 속에서 꿋꿋하게 한국의 문화예술을 창조해왔고 사회적 자아로서의 책무를 다하고자 했던 문화적·역사적 선두주자로서 대우받아 마땅하다. 이 책에서는 자아를 망각하지 않고 정체성을 상실하지 않으려 최선을 다했던 기생들의 삶을 새롭고 정확하게 밝히는 데 주력하였다.

이 책들이 나오는 데는 푸른사상사의 한봉숙 대표님은 물론 김수란 팀장을 비롯한 편집진의 노고가 있었다. 진심으로 감사드린다.

2020. 4.
이 화 형

차례

황진이, 풍류와 지성으로 살다

프롤로그

　황진이(1520년대~1560년대)라고 하면 누구나 대뜸 색기가 자르르 흐르는 요염한 여인을 떠올릴 것이다. 심지어 황진이에 대해 남자를 손에 넣고 주무르던 팜므파탈 정도로 이해하는 과도한 경향도 있다. 그러나 놀랍게도 문헌 속에 등장하는 역사적 황진이는 딴판이다. 한갓 소리만 잘하던 기생, 단지 글재주만 뽐내던 기생도 아니다. 분명한 것은 황진이는 여성이자 기생이라는 한계에도 불구하고 세상의 부러움을 살 정도로 자유롭고 진실한 삶을 구가했다는 사실이다.

　다시 말해 황진이는 기생으로서 예쁘기도 하고 가무에도 뛰어났지만 인간으로서 지적이고 도덕적이었을 뿐만 아니라 여성이면서도 호탕한 성격을 지니는 등, 쉽게 단정할 수 없는 무한한 가능성을 지닌 인물이라고밖에 볼 수 없다. 그러다 보니 적어도 황진이는 신비스러울 정도로 매력적인 여성의 상징으로 세간의 주목을 받아왔다. 황진이는 시공을 초월하여 우리의 가장 큰 관심의 대상이 되고 사랑을 받은 여성 캐릭터요 역사적 인물이라 할 수 있다.

이러한 이유로 황진이는 많은 문화예술의 주인공이 되었다. 심지어 20세기 이후 체제와 이념이 다른 남북한을 통틀어 그녀 이상으로 사랑을 받은 인물은 없었다. 남한에서 작가 이태준, 정한숙, 박종화, 안수길, 유주현, 정비석, 최인호, 김탁환, 전경린 등이 황진이를 소설로 썼고, 북한의 작가 홍석중이 황진이의 일대기를 그렸다. 문정희 시인과 이생진 시인도 황진이를 노래하였다. 소설이나 시뿐만 아니라 드라마, 영화, 오페라, 가요로 재현되는 등 황진이만큼 수없이 대중들의 인기를 한 몸에 받은 여성은 일찍이 없었다. 최근 채널A 〈천일야사〉 프로그램에도 황진이에 대한 일화가 소개되고 있다. 그녀는 역사상 빼어난 미모에다 개방적인 성격을 갖추고 탁월한 재능을 드러내며, 무엇보다도 호쾌한 기질과 고결한 인품을 겸비했던 인물이다.

순종하는 것이 여인의 미덕인 조선 사회에서 황진이는 과감히 자신의 결정으로 기생이 되었다. '명월'이라는 기명(妓名)을 사용하며 당당하게 살았고, 마음에 드는 남자를 만나서는 계약 동거를 제안하는 파격적 행실을 보였다. 그녀는 스스로 '송도삼절'이라 부르며 남달리 시대를 넘어 독자적인 삶을 영위했던 주체적인 인물이다.

황진이에게 가장 먼저 붙일 수 있는 수식어는 '풍류'라는 말일 것이다. 이 말은 시대에 따라 의미를 달리하나 예술을 비롯하여 멋, 여유, 즐거움, 자유 등 많은 뜻을 내포한다. 황진이는 남달리 풍류를 위해 살다 떠난 여성이다. 출생부터 죽음에 이르기까지 그녀에 대한 많은 이야기가 야담이나 설화로 전해진다는 것도 그녀를 풍류적 인물로 이해하게 하는 요소다. 기생 신분에 얼굴에 분조차 바르지 않을 정도로 꾸미지 않고, 그리고도 남들의 이목에 신경 쓰지 않았던 점도 그녀를 특징짓는 풍류 이미지에 보탤 수 있다. 성격이 호방하여 매사에 얽매이는 것을 싫어했고, 현실에 안주하지 않고 여행을 즐겼던 것도 그녀의 풍류를 설명할 수 있는 증거이다. 물론 사랑도 로맨틱하고 자유롭게 하였다. 이사종과의 6년 동거와 순수한 사랑은 무엇보다 남녀 내외의 법도를 지켜야 할 사대부들의 성

생활 질서를 파괴하는 충격이었다.

그녀는 진정한 멋과 참된 자유에 다가가기 위해 많은 사람들과 경계 없이 만났을 뿐만 아니라 권세 있고 명성 있는 사람들과 대결하며 거리낌 없이 그들을 유혹하고 조롱했다. 수많은 갈등과 대립구도 속에서 그녀가 승리하거나 초연할 수 있었던 것도 언제나 풍류를 지향하는 가치관이 뒷받침되었기 때문이다. 그리고 그녀는 무엇보다 풍류의 방향을 예술에서 찾았다. 거문고 연주를 잘했을 뿐만 아니라 노래를 비롯하여 시서화 등 전반적으로 뛰어난 예술가로 명성을 얻을 수 있었다. 그녀는 여유 있고 도도하게 살다 간 참된 예술가였다. 그녀는 세상의 규범과 신분적 질서에 조종당하지 않고 현실의 벽을 뛰어넘어 자기 세계를 구축해 나간 인물이다.

황진이에게 다음으로 붙일 수 있는 적절한 말은 '지성'이 될 것이다. 그녀는 자신이 갈망하는 풍류적인 삶을 인정받기 위해서는 이성적으로 고매하고 청아한 인격을 갖추어야 한다고 생각했다. 자유로운 신분의 기생이자 예술가였음에도 불구하고 성품이 깨끗하여 번화한 것을 좋아하지 않았고, 시정잡배들이 천금을 준다 해도 거들떠보지 않는다는 평가를 받았다. 사람이라면 변화무쌍한 기질을 다스리고 착한 마음을 기르는 태도가 필요하다. 즉, 인생에서 치기양심(治氣養心)하는 방법을 찾아야 하는데, 그녀에게는 이 치기양심이 내면 깊숙이 중요한 요소로 들어차 있었다. 이 호방한 기상과 순수한 양심을 인간의 '지성'이라 할 것이다.

황진이는 아름답고도 정의로운 세상을 열망하는 이상적인 인간이 되기 위한 과정을 집요하게 살피고 추구해 나갔다. 그녀는 이른바 합리성을 배제하는 어떠한 성취도 인생의 궁극적인 목표로 생각하지 않았다. 설사 풍류적인 삶의 경지에 도달하더라도 인간으로서 훌륭한 품성을 갖추지 못한다면 덧없는 것으로 인식했다. 이는 자신뿐만 아니라 남에 대해서도 마찬가지로 적용되었다. 벽계수를 향해 "풍류는 있으나 명사가 아니다"라고 지적했던 것도 바로 그런 이유에서이다. 이와 같이 '지성'으로 상징화되는 높은 도덕적 품성과 고상한 정신을 지향하는 그녀의 노력은 치열했다.

사대부들이 황진이를 만나기 위해서 갖춰야 하는 기준이 '성품이 높고 청아한 풍류적 명사'이어야 한다(『금계필담』)고 했던 것도 허투루 나온 말이 아니다. 황진이가 가장 소중하게 여겼던 가치가 바로 자유로운 '풍류(예술)'와 고고한 '지성(인품)'이었던 것이다. 물론 상대를 인정하고 선택하는 이런 조건과 기준도 전적으로 그녀의 독자적인 성향에 따른 것이다. 황진이는 세상 사람들의 생각이나 판단에 휩쓸리지 않고 자신을 지킬 수 있는 그릇이었고, 그만큼 황진이는 철저하게 주체적이었다. 그리고 지성과 풍류를 좇는 황진이의 가치관, 즉 윤리와 감성을 아우르는 그녀의 철학은 매우 설득력이 있다.

이처럼 다양한 삶 속에서 풍류적인 태도를 보이는 가운데 인간의 지성적 면모를 회복시키고자 한다는 점 때문에 그녀에게서 특유의 매력과 개성이 우러나온다. 햇살이 강렬할수록 그늘을 찾아가는 이치를 깊이 깨달아야 하듯이 양면 또는 전체를 볼 수 있는 균형 잡힌 사고와 융합적인 안목이 돋보인다. 조선말 개성 출신의 학자 김택영(1850~1927)의『숭양기구전』*에서는 "세상에서 전하는 황진이의 다른 일은 모두 망령된 것들이어서 여기에는 기록하지 않는다."고 하면서 "황진이의 맑은 생각과 빼어난 시만은 다루지 않을 수 없음"을 밝히고 있다. 그녀가 지닌 지성으로서의 인생과 풍류로서의 예술의 가치를 극명하게 보여주는 것 같다.

---

* 　고려 말과 조선시대에 활동했던 숭양(개성의 옛 지명) 출신의 인물들의 행적을 기록한 전기집이다.

나는 황진이에 대한 이해도를 높이기 위해 그녀의 남성 편력을 중심으로 황진이가 지향했던 윤리적 가치와 풍류적 실상을 파악하려고 노력했다. 20세기 미술의 거장 피카소(1881~1973)가 수많은 여성들과 만나서 사랑하다가 과감하게 헤어지는 가운데 작품의 변화와 함께 의식의 성숙을 이어갔던 것이 연상된다. 황진이의 융합적 삶은 유교사회가 지닌 특성과 밀접히 관련하여 진행되었다. 인간으로서 현실을 중시하고, 기생으로서 남성들과 만나고 헤어지면서 그녀 나름의 독특한 삶의 여정이 이루어졌다. 예컨대 황진이가 소세양(1486~1562)과 김경원(1528~?)을 만난 것은 시적 풍류를 좋아했기 때문이며, 그녀가 이언방과 송겸을 만난 것도 소리 풍류를 사랑했기 때문이다. 그리고 그녀가 이사종을 만나 지속적으로 사랑하게 된 것은 인격의 힘이었고 서경덕(1489~1546)을 만난 것 역시 학문을 좋아하고 인품을 존경했기 때문이다. 만날수록 여유와 순수가 느껴질 때 황진이는 헤어지기 힘든 아픔을 겪어야 했고 그 반대의 경우도 있었다.

특히 그녀의 타고난 시와 소리는 남성들과 만나는 기회를 제공했다는 점에서 중요한 의미가 있다. 도의적 삶과 결부된 황진이의 시적 상상력은 타인과 비교될 수 없을 만큼 탁월하였다. 「만월대회고」, 「봉별소판서세양」 등 8수의 한시와 「동 짓달 긴긴밤을 한허리를 베어내어」, 「청산은 내 뜻이요 녹수 는 님의 정이」 등 6수의 시조를 통해 그녀는 문학적 감수성을 유감없이 드러냈다. 현대 시조미학을 개척한 이병기(1891~ 1968)는 황진이의 시조 한 수인, "어져 내일이여 그릴 줄을 모 르든가/있으라 했더라면 구지 갔을까마는/보내고 그리난 줄 은 나도 몰라 하노라"가 자신의 스승이었다고 말한 바 있다. 물론 그녀의 재능으로 보아 훨씬 많은 작품이 있었을 것이나 대부분 소실되어 전하지 않는데 그나마 아주 귀한 작품들이 남아 있어 다행이 아닐 수 없다. 다만 아쉽게도 그동안 황진이 의 삶에서와 마찬가지로 문학에 대한 평가가 연정이나 애욕 쪽으로 기울어져 왔다. 그녀가 사대부들과 교류하면서 빚어 내는 풍류적 삶과 문학의 주제는 단순한 그리움이나 사랑을 넘어 인간적 신뢰, 즉 '지성'의 추구라 할 수 있다.

자료의 한계는 있지만 이제 상상을 벗어나 실재에 접근 하면서도 대중적 호응에 부합하는 '지식에세이'로서의 황진 이를 만나볼 필요가 있다. 그러나 황진이에 관한 기록이 너무 나 적을 뿐만 아니라 전해오는 황진이에 대한 이야기 대부분은 야사에서 나온 것이기에 그녀의 행적에서 과학적 근거를 기대하기는 처음부터 무리라고 하겠다. 그렇다고 정사라 하여 온전히 보편적인 것도 아니듯이 야담이라 하여 사실이 아닌 것은 아니다. 황진이는 가공 인물이 아닌 실존 인물이었다. 더구나 역사적 사실의 재현보다 진실을 향한 한 인간의 치열함을 부각시키는 것도 충분한 의미가 있다. 이야기 속에서 삶의 이치와 세계의 원리를 발굴하여 살아가는 가운데 공감하고 원용하는 것은 우리의 지혜라 하겠다.

1
스스로 기생의 길을 선택하다

    황진이가 언제 어디서 태어나 어떻게 살다가 어느 때 어디에서 죽었는지 그녀의 일생을 정확히 아는 사람은 드물다. 이렇듯 황진이에 대한 기록이 갖는 한계는 그가 여성이자 기생이기 때문일 것이다. 그럼에도 불구하고 한국의 여성사나 문화사에서 황진이만큼 비중 있게 언급되는 여성도 없다. 그 정도로 황진이가 비상하게 걸출한 인물이요 그기에 더욱 신비로움이 따라 붙는다고 할 수 있다.

    유몽인(1559~1623)의 『어우야담』,* 허균(1569~1618)의

---

*   유몽인은 선조와 광해군 때 벼슬을 하다가 관직에서 물러난 뒤 은둔과 방랑의 생활을 했으나 광해군 복위 음모를 꾸민다는 무고로 사형을 당했다. "천

『성옹지소록』* 등에 의하면 황진이가 중종(재위 1506~1544) 시절에 살았다는 것만큼은 분명한 사실이다. 조선 중종 때의 황진이는 출생부터 예사롭지 않다. 황 씨 성을 지닌 진사가 병부교(개성 시내 북쪽에 있음)를 지나다가 빨래하던 여인을 보고 한눈에 반해 다리 아래서 관계한 뒤 황진이를 낳았다고 하는데, 어머니가 기생 또는 천민이었을 것으로 추정되므로 여기서 황진이는 황 진사의 서녀라는 설이 나오는 것이다. 황진이 어머니의 성은 진(陳)이요 이름은 현금(玄琴)이다. '검은 거문고'라는 이름으로 보아 기적(기생 명부)에 실린 이름 같으나 기생이라 명시하고 있는 기록은 없다. 황진이의 음악적 재능은 이같이 평생 악기를 끼고 살아야 하는 악기(樂妓) 어머니를 둔 데 따르는 천부적 운명의 소산이었던 것이다. 어머니 진현금은 개성에서 유일하게 가야금을 제대로 타는 연주자였다.

하의 일에 본(本)만 있고 말(末)이 없는 것은 없다"고 말했던 유몽인이 지은 『어우야담』은 임진왜란 전후의 인간생활상을 잘 보여주는 책으로 조선 후기에 성행한 한국 야담집(설화집)의 효시로 평가받는다.

* 허균이 자기가 지은 시와 산문을 모아 엮은 『성소부부고』 속에 들어 있는 야사집이다. 허균이 역적으로 몰려 극형에 의해 죽었기 때문에 『성옹지소록』은 몰래 필사해 전해졌는데, 이 책은 문학사적으로 귀중한 자료이다.

황진이의 출생과 관련하여 비교적 신빙성이 있다는 이덕형(1561~1613)의『송도기이』**에 근거하여 자세히 말하면 어머니 현금은 얼굴이 매우 예뻤다. 현금이 18세 때 병부교 아래에서 빨래를 하고 있었다. 다리 위에 한 사람이 서 있었는데 용모가 단정하고 잘생겼으며 의관이 화려하고 아름다웠다. 그가 현금에게 눈길을 보내며 웃기도 하고 손가락으로 가리키기도 하니 현금도 마음이 움직였다. 그런데 그 사람이 갑자기 사라지고 보이지 않았다. 날이 저물자 빨래하던 여인들이 다 흩어지니 그 사람이 잠깐 사이에 다리 위에 나타나 난간에 기대어 노래를 길게 불렀다. 노래를 끝내고 나서 그 사람은 현금에게 마실 것을 요구했다. 현금이 표주박으로 물을 가득 담아서 주니 그 사람은 반쯤 마신 뒤 미소를 띠고 돌려주면서 말하기를 "그대도 한번 마셔보라"고 하였다. 현금이 마셔보니 바로 술이었다. 현금은 이에 놀라움을 금치 못했다. 이로 인하여 두 사람은 부부의 인연을 맺고 드디어 황진이를 낳게 되었다는 것이다.

** 1631년에 간행된 이 책은 이덕형이 송도(개성의 옛 지명) 유수로 재직하면서 쓴 것으로, 서경덕, 황진이, 차천로, 임제, 한명회, 한석봉 등 송도 출신 인물들에 대한 기이한 일화들을 모아 실었다.

김택영(1850~1927)의『숭양기구전』에도 비슷한 내용이 나온다. 황진이의 어머니 현금이 다리 아래에서 물을 마시고 몸에 이상한 힘이 뻗치더니 임신을 하였고, 그녀를 낳을 적에 방 안에 기이한 향기가 3일 동안 풍겼다는 것이다. 그리고 황진이가 자라나면서 자색이 아름다웠고 경전과 사서에 통했다고 한다. 신비로운 분위기로 묘사되고 있는 황진이의 출생과 관련하여 앞『송도기이』에서 "방 안에서 때로 이상한 향기가 나서 며칠 동안 없어지지 않았다"고 한 것보다는 구체적인 기록이다.

한편 허균의『성옹지소록』과 김시민(1681~1747)의『조야휘언』에 따르면 황진이는 개성에 사는 시각장애 여성의 딸이다. 유족한 집안의 딸로 꿈 많은 처녀였던 진현금은 황 진사라고만 밝혀진 선비와 하룻밤 정을 나누고 황진이를 잉태하자 부모 몰래 아이를 지우려 약을 먹었다가 장님이 되었다는 설도 있다. 외할머니마저 맹인이었다고 하는데 어머니나 외할머니나 처음부터 맹인은 아니었다고 한다.

기생의 딸이라는 설과 시각장애 여성의 딸이라는 설을 종합해서 이해하는 것이 바람직하다고 볼 때, 황진이는 아버지 황 진사와 그의 첩에 해당하는 악기(음악 기생)이자 시각장애 어머니 사이에서 출생하였다.

황진이는 성장하면서 절세의 미모를 드러냈고, 경서와 사서도 깨우쳤으며, 시문에 밝고 뛰어나며 소리에도 놀라울 정도의 기량을 보였다. 재덕을 겸비한 것으로 유명한 이덕형은 1604년 암행어사 신분으로 개성에 내려갔다가 이미 개성 땅을 떠들썩하게 하고 있던 황진이의 명성을 전해 듣고 이를 『송도기이』라는 책에 남겼다. 이 책에서 황진이는 아름다운 외모를 지닌 선녀이고 천재 소리를 듣는 시인이자 천하의 절창으로 소개되고 있다.

무엇보다 개성 유수가 초청한 연회에 참석했을 때 황진이는 우아한 자태로 다른 기생들을 압도한 바 있는데, 그녀는 '경국지색(傾國之色)'*이라 할 만큼 외모부터 뛰어났다. 중국 대륙에도 미인이 많다고 하지만 중국의 사신이 왔다가 혀를 내두를 정도의 천하의 미인이 조선에도 있었던 것이다. 즉 명나라 때 사신 하나가 개성에서 노랑 저고리를 입고 사신의 대

---

* 중국 한 무제 때 아름다운 여동생을 두었던 악사 이연년의 노래에서 비롯되었다고 하는 '경국지색'이란 나라를 위태롭게 할 만한 천하제일의 미인을 지칭하는 말이다.

열을 보러 나온 15세의 황진이를 보고 "조선에도 천하의 절색이 있었구나!"라고 감탄하며 회고했다(『해동야언』『송도기이』등)는 기록이 전하고 있다.

중국인이 경국지색이라고 감탄한 황진이의 얼굴은 과연 어떤 모습이었을까 궁금하지 않을 수 없다. 황진이의 용모에 대해 야사에서는 "황진이의 머리는 검은 숱이 많고 구름같이 올렸으며 눈은 부드럽게 말아 올라가 호수처럼 맑았다. 눈썹은 송어가 뛰어오르는 듯하였고 깨끗한 피부에 단아한 얼굴이었다."고 기록하고 있다. 특히 무인이면서도 문장에 뛰어났던 구수훈(1685~1757)이 지은 『이순록』에서는 황진이의 미모가 기절할 정도로 아름다웠다고 적고 있다.

황진이가 십오륙 세가 될 무렵 드디어 이웃에 사는 총각 하나가 남몰래 사랑하며 문제를 일으키고 말았다. 황진이의 어머니가 딸로 하여금 그 총각을 절대로 만날 수 없게 하였으므로 총각이 상사병으로 죽는 일이 벌어졌다. 이런 황진이를 팜므파탈이라고 할 수 있다. 남자를 상사병으로 죽음에 이르게 할 만큼 치명적인 매력을 지녔기 때문이다. 황진이의 선녀 같은 자태에 반해 병에 걸려 죽었다는 그 총각은 꽃신을 만드는 기술자요 홍윤보라는 설이 있다. 김택영의 『숭양기구전』에 대략 다음과 같이 기록되어 있다.

황진이 나이 바야흐로 15~16세 때였다. 이웃에 한 서생이 있었는데, 그가 황진이를 엿보고 기뻐하여 구애하고자 했으나 뜻을 이루지 못했다. 드디어 그로 인해 병을 얻어 죽고 말았다. 관이 떠나 황진이의 문 앞을 지나게 되자 말이 슬피 울며 나아가지 않았다. 이보다 앞서 서생이 병이 들자 그 집에서 자못 서생이 황진이를 연모한 일을 들었었다. 그리하여 사람을 시켜 황진이에게 사정해 그녀의 저고리를 얻어 관을 덮으니 그때서야 말이 나아갔다. 황진이가 이 일에 크게 느낀 것이 있었다. 이에 점점 기생의 길에 들어선 것이다.

한창 물이 오른다는 15~16세 처녀 시절 자신을 짝사랑하던 남성을 살아서 보지 못하고 주검으로 보아야 하는 황진이의 기구한 운명에 숙연해진다. 옛날 고구려의 온달장군이 전사하여 장례를 치르는데 시신을 넣은 관이 움직이지 않다가 아내인 평강공주가 와서 어루만져 주어 비로소 운구할 수 있었다는 전설마저 연상된다. 그 일로 황진이는 크게 충격을 받았고 소문이 삽시간에 퍼져 시집도 가기가 어렵게 되었다. 자신으로 인해 젊은 남자가 죽었다는 돌발적인 사건이 다정

다감하던 시기의 황진이에게 던진 파문은 실로 컸다. 황진이는 자신으로 인해 무고하게 사람이 죽었다 하니 더 이상 많은 사람이 죽으면 아니 된다는 마음을 먹었다. 그리고 위와 같이 "점점 기생의 길에 들어선 것이다"라는 일화가 전해지듯이 한 남자에게 예속되는 삶이 아닌 모든 남성들과 어울릴 수 있는 기생이 되겠다는 각오를 다졌다고 볼 수 있다. 당시 여성들은 기생을 자유롭게 사회로 진출하는 유일한 직업이라 판단했을 것이다.

1986년 영화 〈황진이〉(배창호 감독)에서 황진이 역을 맡았던 영화배우 장미희(1958~)는 황진이에 대해 "어린 황진이가 상사병으로 죽은 갖바치(안성기 분)의 주검 앞에 섰던 장면을 잊을 수 없다. 새로운 시작의 순간에 선 여자아이가 삶의 종결인 죽음에 마주했을 때 도망가거나 거부하는 대신, 시대와 관습에 반항했다. 아름답고 우아한 반항의 힘으로 해방의 열쇠를 쥔 사람이 황진이라 생각한다."고 말한 바 있다.

총각이 멀리 떠나도록 내버려 둔 결과를 황진이는 돌아보지 않을 수 없었다. 청년의 죽음은 뜻하지 않은 번민의 불을 붙였다. 황진이는 천부적 재능, 미모, 감수성 등 탁월한 캐릭터로 인해 주변 인물들로부터 선망의 대상이 되었으며, 스스로 만족했을 만큼 여유를 보이기도 했다. 그러나 인간관계에 있어 무심한 태도로 방치한 결과에 당혹감을 감출 수 없었다. 순간 황진이는 인간이 지닌 숙명적 괴로움이나 외로움에 휩싸이기도 했을 것이다. 행과 불행을 함께 짊어지고 살아야 하는 그녀의 파란만장한 삶을 실증적으로 느끼게 한다. 나아가 그녀는 무슨 일에 있어서나 감정 또는 충동에 따른 행동이 초래하는 부정적 결과를 예측해야 하는 지혜를 스스로 촉구하는지도 모른다. 삶에 있어 후회와 상처를 극소화시킬 수는 있는 것은 인간의 의지와 이성의 힘이라는 논리를 불러일으키기 때문이다. 무엇보다 인간의 진실과 신뢰의 가치 실현을 염두에 둔 황진이에게 현실은 문제적일 수밖에 없었을 것이요, 이렇듯 고뇌하는 그녀의 의중을 새삼 확인할 수 있다.

어져 내 일이야 그리워할 줄 몰랐던가
있으라 했더라면 가랴마는 제 구태야
보내고 그리는 정은 나도 몰라 하노라

임에 대한 황진이의 그리움과 사랑이 안타깝게 드러나고 있다. 그러나 단순히 사랑하는 임을 보고 싶다는 사실보다 더 긴요하게 이해되어야 할 것은 그녀의 인간적 의지와 관련된 인식이다. 사실 황진이를 당혹하게 한 사람은 생면부지(生面不知)의 인물이다. 그저 이웃에 사는 청년 하나가 자신을 연모한 나머지 병으로 죽었다는 사실에 놀라움을 금치 못하고 있다(『소호당집』). 간혹 위 시를 소세양과 관련된 것으로 보기도 한다. 문제는 임이 떠나지 못하도록 붙잡지 않았던 것을 현재 황진이가 가장 후회하고 있다는 점이다. 임이 떠남은 비록 자유지만 붙들려는 애정 어린 의지만 있었어도 '구태여' 임이 떠나지 않았을 것이다. '있으라고 했더라면 갔을까마는'은 결과적으로 황진이가 임을 보냈음을 의미한다. 가겠다는 총각을 결연히 보내는 비수 같은 냉정함이 황진이에게 있었던 것이다.

사실 황진이의 경우, 정이 없는 것도 아니요, 그녀가 인정의 역동적 가치를 모르는 바도 아니다. 그럼에도 불구하고 그녀는 고귀한 인간적 정감을 때로 대수롭지 않게 생각하고 지나쳤다. 불현듯 자신을 꼼꼼히 되돌아보게 되는 순간, 따스한 인간적 정리에 대해 방심했음을 감지하게 되었다. 이별 후에야 자신에게 비정함이 있었음을 통렬히 깨달았다. 그리고 감당하기 힘들 만큼 남녀 또는 인간관계에 대해 심각하게 갈등하고 있는 자아를 발견하게 되었다. 더욱이 상대방과의 관계를 지속시키기 위한 자기의 노력이 얼마나 부족했는가를 절감하게 되었다. 물론 솔직하게 얘기하고 천천히 다가왔더라면 하는 아쉬움은 있었다. 급하게 인생을 포기한 상대편에 대한 원망이 아주 없는 것도 아니다. 그러나 자신의 진지하지 못한 태도, 인간관계를 좀 더 신중하게 살피려는 의지가 충분치 않았던 자신에 대해서 황진이는 현재 모질게 탓하고 있다. 삶을 포기하는 엄숙한 현실 앞에서 느꼈을 부질없는 것들에 대한 그녀의 공허함이 얼마나 컸을까는 역력히 짐작된다.

위 시에서 자신의 방만한 감정과 무관심한 태도를 철저하게 반성하고 있는 황진이의 주체적 입장이 부각된다. 물론 임이 떠난 것은 진지하게 붙들지 않은 자신의 부주의 때문이다. 그런데 문제는 종용하거나 만류하는 의지적 결행에는 또 다른 인내와 고통이 요구될 수도 있다는 점이다. 혹자는 '보내고 그리는 정'은 임이 여기에 있도록 만들 수 있었던 가능성과 가도록 방치할 수밖에 없었던 자신의 무력함이 복합되어 나타나는 것이라고 한 바도 있다. 아마도 기생이라는 천한 신분도 그녀의 의지적 행동에 부정적인 영향을 미쳤을 것이다.

남자 같았다고 하는 그녀에게도 어쩔 수 없이 여성으로서 겪어야 하는 특유의 정서적 흐름이 도사리고 있었다. 섬세

한 마음의 끝자락에 지나고 나면 회한을 보이는 여성성도 배제할 수 없다. 흔히 이별의 아픔과 기다림을 드러내는 고려 속요인 「가시리」나 「서경별곡」을 비롯하여 현대 시인 김소월(1902~1934)의 「진달래꽃」이나 김영랑(1903~1950)의 「모란이 피기까지는」 등에 이르는 정조를 연상케 한다. 겉으로는 강한 체하면서도 속으로는 나약함을 지닌 인간의 모습이 오히려 깊은 공감을 불러일으키게 한다. 황진이는 마음과 행동, 감성과 이성, 자존심과 그리움 등 인간에게 나타나는 심리적 갈등을 어느 누구보다 심하게 겪고 있었다.

그러나 황진이가 죽은 총각으로 인해 기생의 길을 갔다고 하는 것은 비약이다. 다시 말해 기생이 되고자 했던 이유가 이것 때문만은 아니다. 오히려 황진이에겐 이미 출생 후 이름이 노비안에 오르면서 불행이 예고되었다. 어머니가 노비인 경우에는 일천즉천의 원리와 천자수모의 원리가 동시에 적용되었기 때문이다. 황진이는 신분사회가 지닌 봉건적 질서 속에서 자신이 천첩의 자식으로 살아갈 운명임을 알고 있었다. 당시 노비나 기생들은 나름의 안정이 보장된 양반의 첩 자리를 몹시 부러워했겠지만 황진이는 달랐다. 첩으로서 멸시를 받으며 규방에 갇혀 일생을 소모하기보다는 비록 천민이기는 하나 자유로운 처지로 살아갈 수 있다는 점에서 기생을 선택하지 않을 수 없었다.

게다가 현실과 무관하지 않은 소설(홍석중 작) 속에서 그녀의 생모인 현금이 청교방 색주가에 있는 여인들 중에 가장 천한 논다니(웃음과 몸을 파는 여자)였다는 사실을 듣게 된 황진이로서는 다른 길을 택할 여지가 별로 없었을 것이다. 오죽하면 황 진사댁 고명딸에서 노비의 소생으로 전락하는 순간 이미 알고 지내던 놈(상상 인물)이란 종을 기둥서방으로 삼고자 그에게 정조를 내줌으로써 기생이 되는 통과의식을 치렀겠는가. 이런 환경적인 요인들과 얽매이기 싫어하는 천부적 기개에 의해 황진이는 스스로 기생의 길을 정했을 것이다.

황진이는 서얼의 신분임을 자각하게 되고 자신의 정체성을 스스로 획득함으로써 위대한 인물로 다시 태어날 수 있었다. 만일 그러한 결단의 과정 없이 양반가의 첩으로 들어가거나 동일한 신분의 남성을 만나 무난한 일생을 보냈더라면 한국사에서 황진이란 존재는 언급되지 않았을 것이다.

시집과 친정에서 탈출한 뒤 형벌규정에도 없는 사형이 내려지고 예외적으로 당일 집행되었던 어우동(?~1480)을 빼고 한 사람의 독립여성도 없다는 조선에서 황진이는 자신의 주체적 결정으로 가부장적 질서에 맞서 인생의 주인으로 독립했다. 황진이는 오랜 기생 수업을 모두 마치고 열여섯 살이 되어 마침내 개성 관아의 기적에 자신의 이름을 올리고 기생의 삶으로 들어갔다. 기생이라는 가혹한 운명을 스스로 받아들이고 나서는 거친 세상과 대결하며 자유를 향한 집념을 불태우기 시작했다. 거부할 수 없는 모진 기생의 신분 속에서도 인간의 위선, 권세, 인습 등에 굴복할 수 없음을 익히 예견하고 있었다. 오히려 그 모든 인간의 한계와 모순을 극복해야 할 또 다른 운명이 자신 앞에 놓였음을 직감하게 되었다. 어쩌면 누구에게나 이 땅에 주어진 것은 같고, 그 선택과 땀은 자기의 몫이라 판단했을지도 모른다. 그녀는 결코 피하거나 태만하지 않았다. 흔들리는 마음을 다잡으며 뜻한 바를 꺾지 않고 과감하게 밀고 나갔다.

2
소세양의 명성, 순수정신으로 꺾다

황진이는 여느 기생과는 자못 달랐다. 행동이 가볍지 않고 태도가 담담한 편이었다. 인품이 높았을 뿐 아니라 학문도 상당한 경지였고 특히 시적 재능은 남들이 따르기 힘들었다. 『숭양기구전』에서는 그녀가 만월대에 올라 슬픔을 머금고 옛날을 회고해 지은 시나 초승달을 읊은 시들이 세상에서 다투어 회자되었음을 거론하며 당나라의 유명한 여류시인 이야(742?~784)[*]

---

[*] 당나라 오정(烏程, 지금의 浙江 吳興縣)에서 태어난 여류시인으로 자가 계란이다. 어려서부터 총명하고 지혜로웠으며 무엇보다 시를 잘 지었다. 그리하여 설도, 어현기와 더불어 당의 3대 여류시인으로 꼽힌다. 현종이 거문고를 잘 켜고 시 재주가 있다는 말을 듣고 궁중에 불러들여 수 개월간 머물게 했다. 그러나 나중에 모반을 일으킨 주차(朱泚)에게 시를 지어 올린 일로 총애하

와 설도(768?~832)*에 비견될 만하므로 나라의 명창을 말할 때면 반드시 황진이를 앞에 두었다고 했다. 실학자이자 독서광이었던 이덕무(1741~1793)는 황진이를 우리 역사상 시를 가장 잘 지은 기생이라고 말한 바 있다(『청비록』). 그러므로 재주가 있고 명성이 있다는 웬만한 선비는 감히 황진이에게 접근조차 하기 힘들었다. 소설가 김탁환은 "박사과정 때 조선 한시를 많이 봤는데 황진이의 한시 7수와 시조들은 작법과 내용에서 완벽했다. 그저 감정으로 쓴 게 아니라 당시·송시를 다 익힌 뒤 스스로의 운율과 표현을 만들어낸 수준이다."(『나, 황진이』, 2002)라고 말했다.

던 덕종에 의해 죽었다. 작품은 다 흩어졌고, 시 16수가 남아 있다. 후세 사람들이 그녀의 시와 설도의 시를 합하여 『설도이야기집』 2권을 간행하였다.

* 장안(長安, 지금의 陝西省 西安市) 출신으로, 자는 홍도이다. 당나라 관리로 학덕이 높았던 아버지 설운은 직언하다 촉으로 쫓겨난 뒤 전염병으로 세상을 떠났다. 설도는 생활고를 이기지 못하고 2년 뒤(16세) 관기가 되었는데 그녀의 시적 명성은 쓰촨성 전역으로 퍼져나갔다. 그녀는 명사들과 나눈 애정으로도 유명한데 위고가 연정을 품었었고, 11살 연하인 원진과도 애틋한 사랑을 나누었다. 설도는 나이 들어 기적에서 벗어났지만 주위의 숱한 구애에도 불구하고 홀로 여생을 보냈다. 90여 수의 시만 남긴 채 832년(64세)에 세상을 떠났다. 쓰촨성 청두시의 望江樓 공원에 설도의 무덤이 만들어졌다. 설도의 시 「춘망사(春望詞)」 4수 가운데 세 번째 시는, 김억이 번역하고 김성태가 곡을 붙여 《동심초(同心草)》라는 제목의 가곡으로 개작되어 광복 이후 한국 사회에서 많이 불렸었다.

황진이와 동시대 인물 가운데 양곡 소세양(1486~1562)이라는 사람이 있었는데, 그는 학식과 능력이 뛰어나고, 글재주가 있어 율시에 능하다고 소문이 난 명사였다. 한편 소세양은 중종 4년(1509)에 등과하여 대제학, 이조판서, 좌찬성 등 높은 벼슬을 두루 역임했다. 말년에는 부모를 봉양하기 위해 벼슬을 사직하고 고향인 전라도 익산에 은거하며 풍류를 즐기다가 77세에 별세한 유명한 인물이었다.

익산의 미륵산 자락에 있는 금마 도천마을의 시인 소세양은 자연도 좋아했지만 인간을 사랑하였다. 그리하여 "산과 물은 천지간의 무정한 물건이므로 반드시 사람을 만나 드러나게 된다."고 면앙정의 현판에 써 붙였다. 그리고 "산음의 난정이나 황주의 적벽도 왕희지나 소동파의 붓이 없었더라면 한산하고 적막한 물가에 지나지 않았을 것이니, 어찌 후세에 이름을 드리울 수 있었겠는가"라고 말한 바도 있다. 인간에 대한 긍정적 시각을 지녔던 소세양은 풍류남아로서 젊어서부터 여색을 밝히기도 했다.

송도의 명기 황진이가 절세미인이라는 소문을 들은 소세양에게 호색 기운이 발동되었다. 더구나 소세양은 황진이의 미색에 매료되어 벽계수, 지족선사 등 여러 명성이 있는 사람들이 망신을 당했다는 소문을 듣고 있는 터였다. 사실 황진이는 뛰어나게 총명한 기운과 빼어난 예술적 재능뿐만 아니라 용모가 아주 출중했다. 그리하여 당시 이렇다 할 선비들은 천하일색 황진이와의 만남을 대단한 자랑거리로 삼고 싶어 했다.

임방(1640~1724)의 『수촌만록』에서는 이렇게 적고 있다. 양곡 소세양은 젊었을 때 뜻이 굳음을 자부하여 말끝마다 "여색에 미혹되는 자는 남자가 아니다."라고 하였다. 송도의 기생 황진이가 재주와 용모가 당대 제일이라는 말을 듣고 벗들 앞에서 자신만만하게 다짐했다. "내가 그 여인과 딱 30일만 함께 지내고 곧 헤어질 것이고, 헤어진 뒤에는 다시 털끝만큼도 마음에 두지 않을 것이다. 그 기한을 넘겨 만약 하루라도 더 매달린다면 자네들은 나를 사람이 아니라고 해도 좋다."고 큰소리쳤다. "입 찬 소리는 무덤 앞에 가서 하라"는 속담이 있듯이 사람은 죽는 날까지 호언장담을 해서는 안 된다고 하건만 사대부들은 허세를 부렸다. 다음 날 한양에 있던 소세양은 몸종 하나만을 데리고 송도로 내려갔다.

일설에 따르면 만나기 전에 기방에 있는 황진이에게 '류

(榴)' 한 글자로 써서 편지를 보냈다. 놀라운 발상이었다. 뛰는 소세양 위에 나는 황진이라고나 할까. 황진이가 답장을 보냈는데 역시 달랑 '어(漁)' 한 글자였다. 도대체 소세양이 써 보낸 '榴'는 무슨 의미이고, 또 황진이가 답장으로 보낸 '漁'는 무슨 뜻일까? '류'를 발음 나는 대로 쓰면 '석류나무 유(碩儒那無遊)', '어'를 역시 발음 나는 대로 풀면 '고기자불 어(高妓自不語)'이다. '석류나무 유'는 '큰 선비가 여기 와 있거늘 어찌 놀지 않겠는가'이고 '고기자불 어'는 '격이 높은 기생은 함부로 말을 섞지 않는다'는 뜻이다. 이렇게 상대의 수준을 알아본 뒤에 두 사람은 만나자마자 꿈 같은 나날을 보내게 되었다.

『수촌만록』에 이어지는 내용을 보면, 소세양이 길을 떠나 송도에 도착해 황진이를 보니 과연 멋진 기생이었다. 황진이와 소세양은 만나서 약속한 대로 30일의 동거에 들어갔다. 두 남녀는 서로 가까워졌고 사랑의 즐거움 속에 한 달이 어떻게 흘러갔는지 모른다. 그토록 일체감을 갖고 지내온 시간은 이제 막을 내려야 할 때가 되었다. 다음 날이 되면 서로 각자의 길로 가야 한다. 비록 떠나고 싶지 않을지라도 약속대로 떠나야 한다. 개성의 달빛이 영롱하게 비치는 누각에 올라가 두 사람은 술을 마셨다. 황진이는 이별을 슬퍼하는 기색을 가벼이 드러내지 않고 청하기를 "공과 서로 이별하는데 어찌 한 마디 말이 없을 수 있겠습니까? 변변치 못하나마 시 한 수를 올려도 될까요?"라고 하니 소세양이 허락하였다. 곧 황진이는 호흡을 가다듬고 곡진한 감정으로 시 한 수를 읊었다.

달빛 어린 뜨락에 오동잎 다 지고	月下庭梧盡
서리 맞은 들국화는 노랗게 물들었네.	霜中野菊黃
누대는 높아 한 자만 더 오르면 하늘인데	樓高天一尺
사람은 취해서 천 잔의 술을 마셨네.	人醉酒千觴
물소리는 거문고에 차갑게 스며들고	流水和琴冷
매화의 높은 향기 피리 소리에 휘감기네.	梅花入笛香
내일 아침 우리 서로 헤어진 뒤에는	明朝相別後
사무치는 정 푸른 물결처럼 끝이 없으리.	情與碧波長

늦가을 판서 소세양과 헤어지기 전날 달밤에 노래한 오언율시다. 일곱 살 때부터 시를 지었다는 소세양이 격조 높은 이 시를 다 듣고 막상 돌아서 가려다가 돌아서지 못하고 감탄해 말하기를 "나는 사람이 아니다."라 하고서 그대로 며칠 더 머물렀다고 『수촌만록』과 『동국시화휘성』에 기록되어 전하고 있다. 한편 좌객이 모두 남에게 떠밀고 자기는 사양해 감히 화

답하는 자가 없었다고 『숭양기구전』에서는 적고 있다. 「판서 소세양과의 이별에 부침(奉別蘇判書世讓)」이라는 제목으로 되어 있는 이 빼어난 시는 한 달간 함께 지낸 두 사람 관계의 돈독함과 사랑의 긴밀도를 증언해준다. 짧은 만남의 기간이지만 가을의 국화, 봄의 매화를 인용하여 계절이 두 번이나 바뀌었음을 표현함이 매우 적절하다. 더구나 이별의 아픈 감정을 다스리는 차분하고 단아한 태도가 돋보인다.

1연은 한 달 전 가을이 되면 서로 헤어질 것이라고 약속을 했지만 이제 그때와 사뭇 달라진 정황을 보여준다. 기약했던 시간이 돌아오니 아쉬움과 애석함이 서로를 에워싼다. 가슴이 답답하고 마음이 아프다. 잎이 다 떨어지고 꽃빛마저 변한 세월만큼 인간적 정념이 쌓인 것이다. 공고하게 구축해 놓은 시공간을 허물어야 하는 고통은 인간 자신들의 몫이다.

2연은 자연과 인간의 영역을 잘 대비시켜 보여준다. 전반부에서는 황진이가 자신의 미래를 예견했다. 지금은 지상에 머물고 있지만 한 달이 지나면 하늘로 돌아가야 하는데, 오늘 딱 한 자만을 남기고 있다. 후반부에서는 소세양이 처한 현실을 이야기하였다. 그는 술로 허전하고 울적한 마음을 달래려 애쓰고 있다. 황진이가 앞을 향해 나아갈수록 소세양은 점점 한계적 상황에 빠지고 만다.

3연에서 황진이는 거문고를 타고 소세양은 피리를 불었다. 차가운 물소리는 거문고에 서리고 그윽한 매화 향기는 피리 소리에 감겨든다. 자연과 예술이 하나 되는 격조가 느껴지는 지점이다.

4연에서는 이제 떠나야 하는 시간에 이르렀음을 직설적으로 이야기하고 있다. 약속을 지켜 헤어지기는 하겠지만 그간 쌓아놓은 깊은 정은 푸른 물결처럼 영원히 출렁거릴 것이라는 점을 쉽게 예상할 수 있다. 항상 그러했던 것처럼 황진이의 예민한 감성은 이성적 판단으로 극복될 수 있었으나 아마도 소세양은 밤새껏 술에 붙들려 새벽이 될 때까지 혼미한 상태에서 깨어나지 못했을 것이다.

위 시는 헤어짐의 안타까움을 은근히 드러내면서 초연하게 절제하는 담대함도 놓치지 않는 애이불상(哀而不傷)의 매력을 감각적으로 표현하고 있다. 영문학자 송욱(1925~1980)은 『문학평전』에 이 시를 소개하면서 황진이가 보들레르(1821~1867)보다 수백 년 앞서 공감각의 황홀한 경지를 보여주었다고 평했다. 함께 있고 싶어 하는 연약한 심정도 배제할 수 없으나 단념하는 의지도 내포되어 있어 절창임을 느끼게 한다. 이와 같이 예정된 날짜를 다 채우고 황진이와 소세양은 이별을 위해 마주 섰다. 말없이 바라보면서 서로의 예정된 날짜를 다 채우고 황진이와 소세양은 함께 이별의 술잔을 나누었다. 말없이 바라보면서 서로의 눈가에 맺힌 눈물도 확인할 만했으나 황진이는 눈물을 보이지 않았다. 아쉬움을 남기며 헤어져야 하는 이별이 더욱 아름다움을 그녀는 몸으로 보어주었다. 여백의 미학이라고 하나, 우리는 쓸쓸하게 비워지는 데서 아름다움을 더 크게 느끼는지도 모른다.

무엇보다 판서 소세양의 교만하고 방자했던 태도가 시인 황진이의 순수하면서도 진지한 태도 앞에 무색하게 되었다. 황진이가 소세양을 사랑했다고는 하나, 그러나 위 시를 통해 알 수 있듯이 감정의 표출이나 사랑의 만끽보다 정제된 감정과 절제의 미덕을 이해하는 것이 더 중요하다. 신뢰 추구의 열정과 강렬한 의지는 인간으로서 당연히 지녀야 하는 기본적인 조건으로서 남녀의 사랑은 물론 인간적 소통을 가능케 하는 위력을 가진다. 인간 모두가 진지하지 못한 경박성, 실상을 숨기는 위선, 도량이 부족한 이기적 행동 등을 벗어버려야 한다는 점을 속 깊이 일깨워준다.

삶의 새로운 질서와 이상적인 인간관계를 위한 노력이 누구에게나 요구된다는 점에서 황진이의 입장은 설득적이다. 고원한 삶의 구경에 도달하려는 황진이의 내면적이며 심층적인 사고가 시적 형상화를 통해 승화되고 있기 때문이다. 『숭양기구전』에서 말하는 바와 같이 황진이는 멀리 나가 노는 것을 즐겼으며 그녀의 시와 문은 맑고 빼어났다. 당대의 산수와 정자를 돌아다니며 성쇠를 슬퍼하고 기뻐하는 가운데 붓을 들어 그 정을 다하지 않은 적이 없었다.

그녀는 고상하고 청아한 성품을 지녔을 뿐만 아니라 그에 걸맞은 우아하고 순정한 시적 감수성이 그녀의 품속에 도사리고 있었다. 능력이 뛰어난 황진이의 아름답고 순수한 시적 호소 앞에 세력과 명성이 무슨 의미가 있겠는가. 소박한 이미지에 인간적 외로움을 실어 차분하게 읊은 황진이의 시 한 수는 소세양의 마음을 움직였고, 친구들은 약속을 어긴 소세양을 인간이 아니라고 놀렸다. 황진이는 진정 재능 있는 기생이자 풍류를 아는 걸출한 시인이었다.

큰소리치며 허세를 보이던 소세양은 황진이와 함께 며칠을 더 지내면서 그녀의 곁을 떠날 수 없음을 알고 오히려 그녀가 자신을 버릴까 두려워하였다. 그리고 소세양은 앞의 시에 화답이라도 하듯 다음과 같은 편지글 내지는 시를 읊으며 그녀 곁에 머물렀다고 한다.

> 달빛 아래 소나무만이 푸르르고
> 눈에 덮인 한 포기 꽃들은 고개를 떨구었구나.
> …(중략) …
> 내일 아침 그녀를 보내고 나면
> 슬픔은 비가 되어 나의 몸을 짓누르리.

이 같은 글을 써서 황진이를 잊지 못하는 자신의 입장을 전달했다고 한다. 얼마나 더 그들의 사랑이 지속되었는지는 자세히 알 수 없지만 소세양이 한양으로 돌아간 뒤에도 오랫동안 편지를 주고받으며 서로 그리워했을 것이다. 두 사람은 자신들이 존귀하기에 정직하고 진실해야 함을 새삼 확인하며 더욱 가까워질 수 있었다.

소세양은 그 이후 인간의 부족함과 어리석음을 반성하고 끊임없이 수양하면서 지혜로운 삶으로 한 걸음 다가갔을 것이다. 명성과 권세의 유혹을 떨쳐버리고 소세양은 1540년부터 1562년까지 고향인 익산에 내려가 은둔하며 여생을 보냈다. 1534년 자신을 가장 존중하고 후원하던 이행(1478~

1534)이 죽자 충격을 받았고, 관료로서 영달을 누렸던 사장파에 대한 도학파의 공격을 피하려는 의도로도 풀이된다. 그러므로 이수광(1563~1628)의 말대로 "근세의 문장가로 편안히 몸을 마칠 때까지 천수와 부귀를 누린 자로 그보다 나은 이가 없다"(『지봉유설』)고 할 것이다.

뜻을 세우고 참되게 살기 위해 정진하는 자에게 연륜은 깨달음으로 보답하기 마련이다. 소세양은 일찌감치 벼슬에서 물러나, 행복과 불행을 동시에 짊어지고 가야 하는 인생의 중량을 받아들이자 했다. 그리고 고통을 겪고 나서 힘을 얻는 인간의 진정성을 통찰하며 생의 말미를 장식했을 것이다.

시인 김용택(1948~)이 꼭 한번 필사하고 싶은 시들을 모아 『어쩌면 별들이 너의 슬픔을 가져갈지도 몰라』(예담, 2015)라는 책을 펴냈다. 이 책엔 황진이의 「소세양 판서를 보내며」라는 한글로 번역된 시가 실려 있다. 선비들과 시를 짓고 학문을 토론하기 좋아하던 그녀가 지은 시문은 지금도 수많은 사람들 사이에 회자될 만큼 한국문화사에 커다란 발자취를 남겼다.

황진이가 성인군자 같은 지적이며 담박한 기상을 품은

것은 운명적이라 할 수 있다. 그녀의 어머니 진현금은 눈이 멀게 되면서 그 충격으로 거짓말을 일삼았다고 하여, 그러기에 딸만큼은 참되게 살기를 바라는 마음으로 이름자에 '진(眞)'을 넣어주었다고 한다. 황진이의 본명은 진(眞), 진이(眞伊), 진낭(眞娘) 등이다. 황진이는 벽계수든 소세양이든 사대부들의 권세와 위선과 탐욕과 거짓을 벗기는 데 과감했다.

개성에는 과부가 많다고 할 정도로 절개를 상징하는 소나무가 많아 개성을 송도(松都)라고 했다. 흔히 송악의 정기가 나뉘어 서경덕과 황진이를 낳았다고 말하는데, 송도의 기생 황진이는 나라를 뒤흔들 만큼 자색이 뛰어났을 뿐만 아니라, 글과 소리의 재주는 더욱 기이하였다. 서경덕과 같은 시대에 살았던 황진이가 여자로, 그것도 천한 신분으로 태어난 것은 애석한 일이다.

조선 영조 때의 구수훈(1685~1757)이 지은 다음과 같은 『이순록(下)』에 나오는 설화를 보면 황진이가 얼마나 정직과 윤리를 핵심으로 하는 정신적 가치를 소중히 여겼는지 쉽게 확인할 수 있다. 저자를 알 수 없는 『청야담수』에도 비슷한 내용이 실려 전한다. 황진이는 일찍이 당시 3대 주요 인물인

율곡 이이(1536~1584) · 송강 정철(1536~1593) · 서애 유성룡(1542~1607)에 대해 평한 바 있는데, 율곡은 진정한 성인이고, 송강은 군자이며, 서애는 소인이라고 했다. 율곡이 중국 사신을 맞는 원접사가 되어 개성을 지나면서 황진이를 불러 가까이하고 차와 식사도 함께하며 다정하게 대했다. 밤이 깊어지자, 먼 길을 오느라고 피곤함이 심하니 집에 가서 자고 내일 아침에 들어오라면서 돌려보냈다. 황진이가 집에 나가서 자고 아침에 들어가니 역시 어제처럼 부드럽게 대했고, 여러 날을 같이 지내면서도 끝내 흐트러지지 않았다. 율곡은 황진이의 몸을 좋아한 것이 아니라, 그 재능을 사랑했으니 정말 성인이라는 것이었다.

그 후 송강이 중국 사신을 인도하는 관리가 되어 송도를 지나가면서 역시 황진이를 불렀다. 분명하게 잠자리 시중을 들기를 명하여 동침했고, 돌아올 때도 또한 그렇게 불러 함께 하였다. 이는 남자의 예사로운 일이요 정상적인 경우로서 명쾌한 그 행동이야말로 정말 군자의 처사에 해당한다고 했다.

서애도 중국에 사신으로 가는 길에 역시 황진이를 불렀다. 다정하게 대해 잠자리 시중을 명하는 줄 알고 있었는데, 어두워지니 나가라고 명령하기에 역시 훌륭하다고 생각하고 집으로 돌아갔다. 그런데 밤중에 부하를 보내 몰래 들어오라고 하여 동침하고는 새벽에 일찍 나가라고 했다. 이 일은 매우 분명하지 못한 처사이므로, 서애는 소인이라는 평가였다.

황진이의 이 평가에 대해 문헌에서는 대단히 적당하다고 기술하였다. 이렇듯, 황진이는 주체적으로 살고자 하는 생각이 뚜렷했다. 결코 남에게 의존하거나 눈치를 보며 살기를 원하지 않았다. 좋은 남자가 있으면 자신이 스스로 찾아갔다. 그리고 그녀는 지혜롭고 강직하게 살고자 했음이 분명하다. 사랑을 위해서는 자기 재산을 아낌없이 썼다. 그녀에게는 설사 경멸하는 일은 있어도 내숭을 떠는 일은 없었다. 능력이 있고 자존심이 강했던 그녀는 꾸밈이나 거짓을 철저히 배척했다. 이렇게 자신을 순수하게 다 내놓다 보니 실속 있고 안정적인 삶을 유지하지 못했음은 당연하다.

그녀가 극찬한 율곡은 한국사에 유례 없이 아홉 번이나 장원급제하고, 장관급의 높은 벼슬을 오랫동안 지냈으면서도 집이 없어 셋방에서 죽어가야 했던 선비이다. 그리고 그토록 거친 상소와 직언에 의해 고통과 수모를 당했을 선조로 하여금 자신의 죽음에 통곡하게 했던 위인이다.

3
벽계수의 권세, 도량으로 벗기다

허균의 아버지인 초당 허엽(1517~1580)은 화담 서경덕
과 퇴계 이황의 제자이다. 허엽은 스승 서경덕이 은거하던 골
짜기에 황진이가 찾아와 시서를 함께 논하고 거문고를 타면
서 즐기는 모습을 직접 목격한 몇 안 되는 사람 중의 하나이
다. 말하자면 허엽과 황진이는 서경덕 밑에서 동문수학한 사
이이다. 황진이는 자기보다 10세 아래인 허엽과 호방한 기질
이 서로 비슷하여 매우 친했다. 반달을 노래한 「영반월(詠半
月)」이라는 시는 허엽의 시인데 황진이가 자주 불러 그녀의 시
로 오인되기까지 했다.

비록 아버지로부터 들어 간접적으로 알기는 하나 황진이

에 대해 깊은 관심을 가졌던 교산 허균(1569~1618)은 황진이를 가리켜 "성격을 보면 뜻이 크고 기개가 있어 남자와 같았다"(『성옹지소록』)고 한 바 있다. 활발하고 개방적인 그녀는 기방 속의 꽃으로만 남아 애잔함을 일으키는 수동적인 존재가 되기를 완강히 거부했다. 『어우야담』에 나오는 재상의 아들 이생과의 금강산 유람의 행적은 자유를 넘어 탈속적이기까지 한 황진이의 호탕한 기상을 보여준다.

황진이는 일반 여성은 물론 다른 기생들과도 차이가 있었다. 당시 기생들의 소망이기도 했던 사대부의 첩 자리를 배척하고 기생이라는 천한 신분을 스스로 택하면서 오히려 그런 자리에서 사대부들의 무능력과 이중성을 적극적으로 지적하고 고발했다. 심지어 허위 가득한 양반들을 웃음거리로 만들어 인간 세상의 모순을 파헤치고자 했다. 어쩌면 양반의 사생아로 태어나면서부터 황진이에게는 사대부에 대한 부정적인 콤플렉스가 생겼을 것이다. 이러한 황진이의 혁신적이고 진보적인 성향은 시대와 사회를 넘어 존중받는 가치이자 삶의 동력이 되었다.

황진이는 어려서부터 책을 가까이 할 수 있는 환경에 놓였었다. 그녀의 외가가 개성의 서리 집안이라는 것은 이덕형의『송도기이』에 나오는 사실이다. 아전 중에서도 서리는 문자의 해독과 글쓰기 등에 능력이 있어야 했다. 양반은 아니더라도 책을 가까이 할 수 있는 식자층 집안의 도움을 받아 그녀는 지적 경험을 쌓을 수 있었다. 황진이는 큰 부자는 아니지만 집안일에 얽매이지 않고 기생으로 나갈 때까지 배움을 계속 이어갔다. 김택영이『소호당집』에서 "황진이는 성장하여 절색의 미모를 갖추었고 경서와 사서를 깨우쳤다."고 했던 것도 그냥 한 말이 아니었다.

지식과 권위를 내세우는 사대부만큼 허점이 많은 사람들도 흔치 않을 것이다. 겉으로 자랑할수록 속이 비어 있음은 불후의 진리라 할 수 있다. 입으로는 온갖 능력을 드러내고 외적으로 천하의 위인처럼 부풀리면서도 실제로 어느 하나 제대로 이룬 것 없기에 십상이다. 기생이라고 무시하고 비웃는 사대부들을 만나보면 안일하고 방탕할 뿐 대범하지도 선비답지도 못함에 황진이는 실망하기 일쑤였다. 인간의 가장 큰 욕망인 '식욕과 색욕'(『예기』)을 놓고 볼 때도 사대부라고 예외는 아니다. 오히려 사대부들은 겉과 속이 다른 데서 멸시를 당하는지도 모른다.

「배비장전」을 비롯한 기생 관련 이야기 속에는 여색을 멀리한다고 큰소리치는 남자들이 등장한다. 그렇듯 지나치게 남녀 사이의 도덕성을 강조하는 인물들은 하나같이 속으로는 색정적이다. 이러한 이중 인격체의 남성들은 문화 미디어에서 조롱거리가 되었고 사회 여론으로부터 지탄의 대상이 되었다. 무엇보다 황진이에게는 체질적으로 사특한 기운을 깨부수고 위선의 껍질을 벗기며 잔꾀를 멀리하는 인격과 능력이 있었다. 이탈리아 시인 페트라르카(1304~1374)가 말한 "사람은 고귀한 신분으로 태어나는 것이 아니라 스스로 고귀한 사람으로 되어가는 것임"을 보여준 인물이다.

서유영(1801~1874)의 야담집 『금계필담』*을 보면 손곡 이달(1539~1612)의 친구로서 근엄하기 이를 데 없는 국왕의 친족인 벽계수가 나온다. 그리고 조선 최고의 군자라고 불리던 벽계수가 황진이에게 망신당한 것으로 유명한 일화가 여기에 실려 전하고 있다. 특히 벽계수는 한양에서 내로라하는 풍류객으로서 처음에는 황진이의 소문을 들었어도 시골 기생

---

* 서유영은 조선후기 유명한 달성 서씨 가문 출신인데도 자유분방하고 꼿꼿한 성격 탓으로 일생을 궁핍하게 살았다. 그가 지은 『금계필담』은 일반 야담집처럼 다른 문헌을 참고하지 않고 자신이 직접 들은 이야기만 실었다는 특징이 있다.

하나쯤으로 알고 상대하지도 않았었기에 더욱 초라함을 드러낸다.

벽계수의 이름은 이혼원(?~1503)이라 하는데 그의 형 주계군 이심원(1454~1504)과 함께 효녕대군의 증손이라 말하기도 한다. 하지만 근래에 벽계수를 세종의 증손으로 추정하는 의견이 나와 주목을 끈 바 있다. 다시 말해 최근에 벽계수의 본명이 세종의 증손자인 벽계도정 이종숙이라는 주장이 제기되었다. 도정은 조선 시대에 종친부·돈령부·훈련원에 속하여 종친과 외척에 관한 사무를 맡아보던 정3품 벼슬이다. 이종숙은 세종의 아홉째 서자 영해군 이당의 둘째 아들 길안 도정 이의(李義)의 다섯째 아들로 1508년 출생했다. 벽계수 이종숙은 조선 인종조에 황해도 관찰사를 지낸 바 있으며, 그의 묘는 강원도 원주시 문막읍 동화리 산90번지에 있다.

『금계필담』에 나오는 바와 같이 황진이는 송도의 이름난 기생으로서 자색과 재주가 뛰어나 그 명성이 온 나라에 널리 퍼졌다. 종실에 벽계수라는 사람이 있었는데 마음속으로 황진이를 한 번 만나보기를 원했으나 '성품이 높고 고결한 풍류 명사'가 아니면 어렵다기에 이달에게 방법을 물었다. 이처럼 벽계수는 왕족이라는 막강한 신분임에도 황진이를 만나기가 얼마나 힘들었던지 고민하던 끝에 친구인 이달에게 도움을 요청한 것이다. 이달은 기생의 몸에서 태어난 서얼로 평생을 떠돌아다니며 곤궁하게 살았다. 그는 당시 자유분방한 성향과 태도를 과시하던 최고의 시인이었던 만큼 친구에게 조언해 줄만한 방법을 마음속으로 갖고 있었던 듯하다.

더구나 이달은 기생과의 경험도 있었던 터이다. 허균의 『학산초담』에 따르면 조선 중기 시인으로 이름을 크게 떨치고 있던 이달이 일찍이 전라도 영광 고을을 지나다가 객사에서 하룻밤을 묵으면서 한 기생과 동침한 일이 있다. 함께 잠을 잔 남자가 이달인 줄을 모르고 있던 기생은 아침이 되어 화대를 줄 뜻이 없어 보이자 인색하다는 생각이 들었다. 그리하여 "한양에서 비단장수가 왔는데 같이 잠자리를 한 손님께서는 가난한 선비로 보여 돈을 요구할 수도 없고 한스러워 슬퍼집니다."라고 말했다. 이달은 기생의 치마폭에 시를 써주며 군수에게 가서 시를 보여드리라 말하고는 떠나버렸다. 마침 삼당시인으로서 친한 사이였던 고죽 최경창(1539~1583)이 영광군수를 지내고 있었다. 최경창은 "한 자가 천금이니 감히 비용을 아끼랴"라고 하면서 넉넉히 옷값을 기생에게 주었다. 이달을 살짝 속인 기생은 자기가 위대한 분을 모신 사실을 알고

"한 글자에 천금이라는 말이 있다던데 정말 실감이 난다"며 기뻐 어쩔 줄을 몰라 했다.

이달이 벽계수에게 조언한 이야기를 옮겨보면 다음과 같다. 이달이 "그대가 황진이를 한 번 만나려면 내 말대로 해야 하는데 따를 수 있겠소?"라고 물으니, 벽계수는 "당연히 그대의 말을 따르리다."라고 답했다. 이달이 말하기를 "그대가 어린아이를 시켜 거문고를 가지고 뒤를 따르게 한 후 작은 나귀를 타고 황진이의 집을 지나가시오. 근처 누각에 올라 술을 마시고 거문고 한 곡조를 타고 있으면 필시 황진이가 나와서 그대 곁에 앉을 것이오. 그때 본체만체하고 일어나서 재빨리 나귀를 타고 가면 황진이가 뒤를 따를 것이오. 만일 취적교를 지날 때까지 뒤를 돌아보지 않는다면 일이 이루어지는 것이오. 그렇시 않는다면 반드시 성공하지 못할 것이오."라고 했다.

거문고의 명인인 벽계수는 이달의 말을 듣기로 했다. 그가 시키는 대로 작은 나귀를 타고 어린아이에게 거문고를 끼고 따르게 하여 황진이의 집 앞을 지나 누각에 올라 술을 마시고 거문고 한 곡을 탔다. 과연 소리를 듣고 나온 그녀를 못 본체하고 일어나 나귀를 타고 가니 역시 그녀가 뒤를 쫓아왔다. 취적교에 이르러 황진이가 거문고를 든 아이에게 물어 그가 벽계수임을 알았다. 이에 도발적인 태도로 황진이가 아래와 같이 멋지게 노래를 부르게 되었다. 그러자 벽계수는 이 노랫소리를 듣고 도저히 그냥 갈 수 없어 고개를 돌려 바라보려다가 그만 나귀에서 떨어지고 말았다. 황진이가 웃으며 말하기를 "이 사람은 명사가 아니라 단지 풍류랑일 뿐이다."라며 가버렸고 벽계수는 매우 부끄러워하며 한스러워했다고 한다. 황진이가 벽계수에게 넉넉한 품성을 가진 명사가 되라고 충고한 것이다. 사실 여러 기생들과의 관계에서나 섹스 스캔들로 극형에 처해진 어우동과 얽힌 사건에서 보듯 근엄한 종친 사대부들이 얼마나 위선적인 애정 행각으로 예법이 중시되던 조선을 경악케 하였는가.

청산리 벽계수야 수이 감을 자랑 마라
일도 창해하면 도라오기 어려오니
명월이 만공산하니 쉬여 간들 어떠리

소심한 데다가 초조해하던 벽계수는 이미 황진이의 뛰어난 미색과 재능에 넋을 빼앗기고 있었다. 황진이의 자신감과 초연함에 굴복당하고 있는 처지에 느닷없이 자신의 이름까지 넣어 부르는 청아하고 격조 있는 노랫소리는 벽계수를 돌아보지 않을 재간이 없게 했다. 얼마나 만나보고 싶었던 황진이인가. 벽계수는 참고 기다릴 수 있는 배포와 커다란 그릇이 아니었다. 그녀가 가진 드높은 자존감과 활달한 기상 앞에 벽계수의 명분이나 권세는 땅에 떨어졌다. 황진이가 벽계수의 거문고 연주가 썩 마음이 들어 그의 뒤를 따라갔던 만큼 벽계수는 음악의 명인이요 풍류객이라 할 수 있다. 그러나 벽계수는 압도적인 신분적 우위에도 불구하고 품격을 갖춘 대범한 인물이 될 수 없었다. 여기서도 분명히 황진이가 추구했던 두 가지의 덕목을 읽을 수 있다. 그녀는 풍류로 언급되는 '예술적 자유'와 함께 명사로 상징되는 '훌륭한 인격'을 겸비해야 한다는 생각이었다.

물론 『이순록』에 나오는 내용은 이와 좀 다르다. 왕족 벽계수가 평소에 결코 황진이의 유혹에 넘어가지 않는다고 말해왔는데, 이 이야기를 들은 황진이가 사람을 시켜 벽계수를 개성으로 유인해왔다. 어느 달이 뜬 저녁 나귀를 탄 벽계수가 경치에 취해 있을 때 황진이가 나타나 위와 같이 "청산리 벽계수야 수이 감을 자랑 마라……"라고 읊었다. 세상 남자들의 약한 의지를 비웃던 벽계수는 밝은 달빛 속의 고운 음성과 아름다운 자태에 놀라 나귀에서 떨어졌다는 것이다.

『조선해어화사』(30장)에 따르면 벽계수가 지조가 있고 행실이 바른 체하며 항상 말하기를 "사람들이 한 번 황진이를 보면 모두 정신을 잃는데, 내가 만일 그녀를 보면 현혹되지 않을 뿐만 아니라 반드시 쫓아 버릴 것이다"라고 호언장담하였다. 황진이가 이 말을 듣고 그를 유혹하여 "청산리 벽계수야 수이 감을 자랑 마라……"라고 읊었다. 그러자 벽계수는 자기도 모르는 사이에 심취하여 나귀 등에서 내렸고, 황진이가 "왜 나를 쫓아버리지 않으세요?" 하니 그가 부끄러워하며 도망쳤다고 한다. 이 이야기가 세상에 널리 퍼지면서 과거시험에 "노랫소리를 듣고 나귀에서 떨어지다(聞歌墮驢)"라는 제목이 출제되었다고 할 정도다.

『어우야담』을 지은 유몽인(1559~1623)이 일찍이 늙은 원주기생 노응향을 만나서 다음과 같은 이야기를 들었다고 하는데 일리가 있다. "기생을 보고 웃으면서 가까이하는 남자는 꾀어서 제압하기가 어렵지만, 기생에게 냉담하게 대하는 근엄한 남자는 다루기가 매우 쉽다. 기생들은 이 점을 노려 남자를 유혹하게 된다." 강직하다는 선비들조차 기생의 자색과 행동에 무릎을 꿇어야 했고 기생에 매료되어 첩으로 삼고 자식까지 낳았음을 볼 때 인간이 얼마나 성에 취약한가를 새삼 느낄 수 있다.

황진이는 벽계수의 가볍고 거짓된 태도에 비판적 관심을 보였다. 처음부터 큰소리치는 벽계수에 믿음이 가지 않았고 실제로 만나보니 과연 그는 진중하지 못한 사람이었다. 도도한 인격을 갖춘 황진이에게 벽계수는 왕족이요 명사가 아니었다. 황진이는 명성과 권세를 뽐내는 사대부들을 희롱하고 조선의 군자로 불린 벽계수를 조소했다. 근엄함보다 더 가치 있는 것은 소박함이요, 순수와 정직 앞에서 권력과 오만은 무의미함을 품격 있는 시를 통해보여주었다. 인생에서 절제되지 않는 감정은 공허한 결과를 초래하고 후회를 남기기 일쑤다. '소걸음으로 천 리를 간다(牛步千里)'고 하며, '돌아가는 것이 곧장 가는 것보다 빠르다(以迂爲直)'고 하듯이 황진이는 빠르게 가려는 것보다는 바르게 가는 것이 오히려 빠름을 터득하고 있었다. 그래서 속도가 문제가 아니라 방향이 중요하다는 것이다. 그녀는 손상된 가치와 왜곡된 질서를 원상태로 복귀하는 길이 험난함을 알기에 벽계수에게도 '수이 감을 자랑하지 말라'고 경고했던 것이다.

황진이가 집요하게 드러내고자 하는 메시지는 지속적 가치의 소중함이다. 자유롭고 발랄함도 중요하지만 충실하고 변함없는 것이 더 의미가 있다. 이별을 제재로 한 앞의 시에서 그리움의 통한이나 유혹의 천박성이 아닌, 탈속적 심상과 풍족의 미감을 느낄 수 있는 것도 작자의 그러한 가치관에서 연유한다고 할 수 있다. 황진이와 벽계수는 잠시 만나기는 했어도 순수한 동기로 만난 것이 아니기에 서로 좋아하기도 어려웠고 그냥 헤어지고 만 꼴이 되었다. 더구나 황진이는 권력과 재물에 욕심을 갖지 않았으므로 왕족인 벽계수에게 애써서 접근해야 할 이유도 없거니와 벽계수도 워낙 콧대가 세고 성향이 다른 황진이에게 지속적으로 매력을 느끼기에는 인내가 따르지 않았을 것이다. 겉으로 의와 예를 강조하던 종친이나 사대부들이 그러하듯이 벽계수 또한 황진이의 기대를 저버렸다.

『어우야담』에 따르면 기생 황진이는 여자들 중에 뜻이 크고 협기가 있는 사람이었다. 장부다운 기개를 지닌 황진이가 지은 앞 작품은 자연물을 통해 인간의 심성을 드러내는 중의적인 표현이 두드러진다. 그녀는 "창랑의 물이 맑으면 내 갓끈을 씻고, 창랑의 물이 흐리면 내 발을 씻으리" 했던 굴원(BC 343?~BC 278?)을 떠올리며 '역사는 무엇인가'를 생각했을지도 모른다. 세상 모든 일은 자연에 맡기고 이 세상과 거슬리지 않음이 좋다는 뜻으로 말이다. 얼핏 임에게 매달리며 사랑을 호소하는 듯도 하지만 이는 작품을 피상적으로 이해하는 것이다. 오고 가는 것은 변화무쌍한 감정의 소관인데 감정의 자유로움은 회한을 남기기에 십상이다. 그러므로 책임 있는 태도를 상실한 행동의 민첩함을 과시할 필요가 없다. "질러 가는 길이 돌아가는 길이다."라는 속담도 있듯이 빨리 가는 것보다 느리게 가는 것이 더 힘들다는 것을 깨닫는 데는 많은 경험과 시간이 요구된다. 벽계수가 시간이 촉박하여 빨리 떠나야 하겠다고 한다면 황진이는 제한된 시간을 연장해서 쓸 수 있는 여유와 기상을 지니고 있다. 결렬되고 훼손된 인간관계의 회복이 얼마나 어려운가를 체득한 황진이는 절제와 신중의 덕목을 '쉬어 가길' 바라는 표현으로 권고하고 있다. 황진이는 성취하기 쉽지 않은 참된 삶의 여정에 깊은 갈등과 고민을 내보이고 있다.

무엇보다 인간관계에서 불편함과 괴로움이 따를지라도 궁극적 삶이 도달해야 하는 지점은 순수와 진실이어야 한다. 그리고 이러한 가치를 성취하기 위해서는 치열한 자아의 반성과 투쟁이 요구된다. 여기서 필연적으로 인간의 강인한 의지가 중요함은 말할 나위 없다. 종장의 '명월이 만공산하니'에서 볼 수 있듯이, 명월로 형상화된 작자 자신이 변하지 않는 산*과 일체가 되는 진술에서 황진이의 '불변적 의지'에 대한 집착이 역력하다. 또한 이어지는 표현 '쉬어간들 어떠리'에서 알 수 있듯이, 이별, 상실, 파탄 등 부정적인 인간현실을 긍정적인 상황으로 전환시키려는 포용적 자세가 여실히 그려진다. 인간 본연의 삶을 위해 방만한 욕구와 충동적인 감정을 통제해야 한다는 심리가 핍진하게 드러나고 있다. 황진이가 의지했던 스승 서경덕은 "배우고도 멈춤을 알지 못한다면 배우지 않은 것과 무엇이 다르겠느냐."(『화담집』)고 했다.

이상의 시에 대한 분석을 통해서도 확인되는 바와 같이 황진이는 임과의 애정 관계를 시적 틀로 삼고, 사랑의 갈등을 수단으로 하여 본질적으로 인간의 고귀한 가치가 무엇인지를 일깨워주려 했다. 황진이의 끈질긴 문학적 주제이자 삶의 과

---

* 　황진이는 기본적으로 불변성을 지닌 산을 좋아했다. 물을 배척한 이유는 물이 지닌 가변성 때문이지 무욕적 측면까지 부정한 것은 결코 아니다. 오히려 위로 올라가고자 하며 채우는 의미로서의 산은 유교적인 것이요, 아래로 내려가고자 하며 비우는 의미로서의 물은 도교적인 것이라 할 때 산과 물은 공존해야 한다. 마치 우리에게 낮과 밤이 모두 필요한 것과 흡사하다. 황진이는 장애물이 앞을 막으면 물처럼 돌아가고, 옳은 게 있으면 산처럼 바꾸지 말고 지켜나가야 함을 숙지하고 있었다.

제는 남녀의 애정에 국한하지 않았다. 그녀는 애정적 정감의 충만함보다도 오히려 정당하고 아름다운 인생을 위한 신뢰와 의지를 작품의 이면에 충실히 담으려고 했다. 우리로 하여금 경박한 태도 속에 직면하게 되는 공허감을 인식하도록 하는 것도 이 때문이다. 인간사의 모순과 괴리에 맞서 발로되는 황진이의 달관과 절제의 미덕이 적잖이 암시되고 있다.

4
이사종과 계약 동거, 사랑을 알게 되다

    이름 있는 학자나 선비라도 기생을 사랑한 나머지 명예를 잃고 몸을 망치며 죽음에 이르기까지도 하였으나 많은 사대부들은 기생을 진실로 사랑하기보다 몸을 원했다고 할 것이다. 기생도 마찬가지여서 한 남자와의 인연을 평생 지키려 하기도 했지만 많은 기생들은 남자와의 관계를 일시적인 것으로 간주하기 일쑤였다. 재물을 탐하거나 용모에 이끌리어 잠자리를 같이했고 위압에 굴복하여 몸을 허락해야 하는 경우도 있었을 것이다. 더구나 시대가 이뤄놓은 제도적 한계 속에서 기생들은 불만이 있어도 반발하기 힘들었다.

    그러나 조선 중기의 기생 황진이의 인식과 태도는 달랐

다. 소세양은 벼슬이 높고 율시에 뛰어나며, 벽계수 또한 신분상 명성이 있고 거문고 솜씨가 빼어난 인물이었다. 이렇듯 풍류가 있는 사대부들임에도 그녀가 진정으로 마음을 열지 않았던 것은 재주만 믿고 대드는 안일과 위선이 목격되었기 때문이다. 사특과 오만의 기운은 풍류객의 한계를 벗어나지 못한 채 예리한 황진이의 검증을 통과하지 못하였다. 시와 음악에 출중한 풍류객들에게 순수와 진실이 있었다면 황진이가 그토록 허탈하지는 않았을 것이다.

풍류를 바라고 명사를 찾아 세속에서 떠돌다 황진이가 만난 사람이 이사종이다. 그는 당시 한양 제일의 소리꾼으로 선전관이었다. 선전관이란 왕을 가까이 모시는 무관직이다. 『어우야담』을 보면 이사종이 27세에 공무를 띠고 중국 사신으로 떠나던 중에 개성을 지나다가 천수원이라는 냇가에서 말을 매어놓은 뒤 관을 벗어 배 위에 올려놓고 잠시 누워서 노래를 부르고 있었다. 그런데 그 소리가 너무나 출중한 나머지 지나가던 황진이가 그 속에 빠지고 말았다. 황진이가 "이 노래의 가락이 매우 기이한 것을 보니 틀림없이 보통 사람이 부르는 비루한 곡이 아니다. 내가 듣기에 한양에 풍류객 이사종이라는 사람이 절창이라고 하던데 그 사람의 것임이 분명하다!"라고 말했다. 그리고 사람을 시켜 사실 여부를 알아보았는데 노래를 부른 이가 정말 이사종이었다. 그 후 황진이는 이사종을 찾아가 마음속의 이야기를 나누며 서로 친해지게 되었고 그녀는 정성껏 이사종을 자기 집으로 초대하여 여러 밤을 함께 지냈다.

며칠이 지난 뒤 황진이는 당돌하게 "그대와 6년을 함께 살고 싶습니다."라고 말했다. 만나고 헤어지며 선택하고 버림에 있어 황진이는 자기 의지가 분명했다. 이튿날부터 개성을 떠나 이사종의 집에서 살림을 시작하면서 3년 동안 그녀는 이사종의 부모와 처자까지 먹여 살렸다. 그렇게 3년이 지나고 나서 이사종은 은혜를 갚기 위해 3년 동안 황진이 일가를 책임졌다. 둘은 비로소 자신의 짝을 찾은 듯이 거칠 것 없이 아름다운 인연을 한껏 키워나갈 수 있었다. 이렇게 황진이는 당대 명창이었던 이사종을 만나 자신의 뜻대로 6년간 함께 살았다. 그들의 계약 동거를 오늘날의 예술가들은 프랑스의 사르트르(1905~1980)와 보부아르(1908~1986)의 계약결혼보다 400여 년이나 앞선 경이로운 일이라며 황진이의 위상을 세계적인 대열에 올려놓기도 한다.

황진이는 권력을 가진 지배층의 비위나 맞추는 꼭두각시

가 아니었다. 그렇다고 사대부들의 얄팍한 구애에 휘둘리는 노리개도 아니었다. 더구나 그녀는 몰지각한 무리와 마구 섞여 놀지 않았다. 그녀는 지적 수준과 인간적 품위가 있는 사람들과 만남을 이어가며 즐거움도 찾고 때로는 위로도 받았다. 물론 계층을 구분하지는 않았고 다양한 사람들과 소통했다. 그런 가운데 신분과 관습 등을 뛰어넘는 이사종과의 계약 동거라는 파격적이며 순수한 사랑은 온 세상을 충격 속에 빠뜨렸다. 흔히 기생이란 사대부들의 성적 희롱의 대상이 되던 양반 사회에서 황진이는 주체적으로 자신이 원하는 사람과 만나고 자신이 선택한 인생을 살았다. 황진이는 이사종을 만나 뜨거운 정념을 불태워가는 6년 동안 안이하게 개성에 머물지 않고 조선 팔도를 유람하고 다니며 뜻있는 여정을 보냈다. 한양 제일의 소리꾼이라는 이사종과 조선의 명창 황진이와의 만남은 운명적이었다. 두 사람은 단순히 예술적 동지일 뿐만 아니라 속박에서 벗어난 영혼과 육체의 자유를 만끽하며 인생의 깊이와 의미를 공유했다.

그리고 마침내 약속된 6년이 되어 황진이는 깨끗하게 헤어졌다. 이사종 또한 많은 사대부들과 달리 약속을 받아들이고 깔끔하게 떠나는 도량을 보였다. 동거가 끝나던 해 겨울이

오기 전 남녀 이별의 상징적 장소인 남포에서 둘은 헤어졌다. 마침 그 무렵 황진이의 어머니가 매독에 걸려 뼈와 살점이 떨어져 나가 썩어 문드러지는 고통 속에서 생을 마감했는데, 이 때 황진이는 어머니의 치료비를 대느라 이사종에게 커다란 신세를 져야 했다고 한다.

성장 및 창조의 아픔은 필수적이다. 특히 삶 가운데 사랑은 물론 예술이나 학문의 경우 고통이 훨씬 크다. 황진이와 이사종은 진심으로 사랑했기에 호된 아픔을 겪으며 헤어져야 했다. 그리고 홀연히 떠났던 황진이가 다시 그리움에 쌓여 다음과 같은 시를 지었다고 하니 이는 가볍게 볼 수 있는 일이 아니다. 권위를 앞세우는 사대부들과 달리 솔직한 태도를 지닌 이사종에게 황진이는 쉽게 마음을 열 수 있었고, 떨어져서도 잊혀지는 것이 아니라 시간이 흐를수록 그리움이 더해졌던 것이다. 비로소 사랑이란 이성적 판단을 넘어서는 열렬한 감성적 영역임을 체험하게 되었다.

감정의 동요 때문에 겪어야 하는 회한은 황진이가 극복해야 할 최대의 과제가 아니었을까? 헤어져야 했던 상황의 일시적 감정을 극복하고 불변적 가치의 구현을 염원하는 의지적 측면이 포착되기 때문에 그녀의 삶에 더욱 새롭고 신중한 접근이 요구된다. 오랜 시간 쌓아온 애정을 갈무리하는 차분함과 인간 본연의 다정스러움이 집약되는 국면이다. 고통을 넘으면 힘이 생기듯이 아픔의 시간을 견딘 끝에 비로소 갖게 된 큰 기쁨을 발견하게 된다. 애정의 진솔함과 함께 진지한 삶에 대한 추구가 내면화되고 있는 황진이의 깊은 심리를 엿볼 수 있다.

인연을 만나 사랑을 이루고 체험을 바탕으로 연시를 지으면서 황진이는 조선 최고의 시인이 되었다. 그녀가 이사종과의 사랑을 솔직하면서도 열정적으로 노래한 아래의 "동짓날 기나긴 밤……"은 오늘날까지도 애송되는 걸작이다. 흔히 시의 표현 기교를 설명하면서, 객관적으로 묘사된 소재가 서정적으로 주관화되었을 때 그 주제의 상징성을 뚜렷이 이해할 수 있다고 하면서 아래 작품을 예로 들기도 한다.

동짓달 기나긴 밤을 한 허리를 베어 내여
춘풍 이불 아래 서리서리 넣었다가
정든 님 오신 날 밤이거든 구뷔구뷔 펴리라

오만한 남성들에게 잔인하게 조소를 보낸 황진이였지만 겸손한 사람에게는 그리움에 눈물로 베갯잇을 적신 애틋한 여인이기도 했다. 더구나 황진이의 그리움과 기다림은 초조하고 경박하지 않으며 오히려 진중하기 그지없다. 기나긴 시간을 비축해 두었다가 임이 오면 쓰겠다고 하는 은근하면서도 절제된 어조가 그녀의 마음을 잘 전달하고 있다. 『조선해어화사』(30장)에 따르면 자하 신위(1769∼1845)가 이 작품을 한문으로 번역하고, 평하기를 '절묘하다'고 한 바 있다. 자하는 조선 500년 문예를 집대성한 대가요 19세기 시단에서 가장 큰 영향력을 발휘한 것으로 평가받는 인물이다. 겨울밤의 한 중간을 잘라내 두었다가 임이 오시는 짧은 봄밤에 이어붙이겠다는 생각은 우리를 가슴 설레게 한다. 남녀의 사랑이 감각적으로 묘사됨에도 불구하고 저속하게 느껴지지 않는 것은 바로 황진이의 청정하고 고매한 정신 세계가 육화되어 표출되기 때문이다.

공간 감각과 관련되는 어휘들의 사용도 신선하다. '허리', '춘풍', '이불', '서리서리', '구비구비' 등의 어휘들이 포근하고 넉넉한 이미지를 자아내기 때문이다. '밤', '허리', '이불', '정든 님' 등 잠자리와 관련된 어휘들의 사용도 자칫 음심을 유발할 수 있지만 전혀 그러한 분위기를 느낄 수 없는 것은 탈속적 인생관이 작용한 결과이다. 또한 '기나긴 밤' '서리서리'

'구뷔구뷔' 등의 어휘들이 갖는 지속적 가치의 표상은 매우 적절하다. 아름다운 만남, 사랑의 실천을 구가하는 이 작품의 통사적인 맥락 속에 순수와 진실, 그리고 원만함과 진지함 등이 농밀하게 배어 있다.

그러나 무엇보다 황진이의 이 작품에서 내용에 대한 효율적인 접근을 위해서는 '오신 날'에 해석의 초점이 놓여야 할 것이다. 이별과 상실의 '기나긴 날'과 대치되는 만남과 사랑의 '오신 날'이야말로 화자가 지키고 있어야 할 지점이기 때문이다. '정든 님 오신 날 밤이거든'이라는 말에서는 표면적으로 '임이 오신다는 것'이 가상의 정황인 것처럼 느껴지지만 실제로 황진이의 심층적인 의도는 그렇지 않았다.

그녀의 간절한 마음이 시사하듯이 오직 사랑하는 임과 기쁨을 함께하며 행복한 인생을 가꾸겠다는 의지적인 발상이 엿보인다. 길고 지루한 부정적인 상황조차 애틋하고 푸근한 처지로 전환시킬 수 있는 인식이 드러난다. 가거나 말거나 하는 식의 방관자적 태도는 물론, 돌아오지 않을 임을 막연히 기다리면서 눈물짓는 행위는 상상하기 어렵다. 더욱이 강렬한 소신과 의지는 여성의 애처로운 상태와는 거리가 있음을 말해 준다. 임이 온다는 사실에 대해 의심하지 않고 임을 맞이하기 위한 정성 어린 마음과 기대에 부푼 환희가 유로될 뿐이다. 임과의 관계를 주도하는 적극적인 면모가 확연하다.

황진이의 성격은 우유부단하지 않았다. 오히려 그녀에 겐 자기 생각에 충실할 정도로 활달한 편이었다. 그리하여 예정된 동거를 끝내고 약속대로 과감하게 떠날 수 있었다. 그런데 이러한 단호한 태도만큼이나 그녀에게서 감정을 극복하고 진실에 다가가려는 노력과 의지가 엿보이기 때문에 황진이를 이해하기 위한 균형 잡힌 시각이 필요하다. "동짓달 기나긴 밤"의 '밤'이라는 시간을 제시하면서 작자가 피동적으로 부여받은 시간을 능동적으로 확장함으로써 고독을 이겨내려 했던 것도 의지의 발로다. 이 시가 창작되기에 이르는 과정을 감안할 때 더욱 황진이의 심리적 갈등을 짐작할 수 있고, 또한 감정의 일탈을 제어하려는 그녀의 집념도 쉽게 간파할 수 있다.

이사종과의 진정한 사랑을 읊은 앞의 작품은 황진이의 시 가운데서도 가장 매력적인 것으로 애창되고 있다. 소세양을 위해 지은 것이라든가, 심지어 어느 누구를 사모하여 지은 것이라고도 한다. 그러나 중요한 것은 황진이가 이사종과 맺은 인연은 그녀의 생애에서 시간적으로나 심리적으로 가장 오랫동안 안정적인 관계로 이어졌다는 사실이다. 황진이가 한 남성과 깊이 사랑을 했고 헤어졌다가 그 뒤에도 오랫동안 그리워했다고 하는 것은 예사로운 일이 아니다. 헤어지고 나서도 잊지 못하는 것을 보면 황진이가 얼마나 이사종을 절실히 사랑했는지 알 수 있다. 음악과 풍류로 이사종과 만남을 시작했던 황진이는 인품과 기개가 있는 그와 속정을 나누면서 참된 사랑을 깨닫게 되었다. 황진이의 선택은 이렇듯 주체적이며 독실한 것이었다.

성별이나 신분의 높고 낮음이 문제가 되어서는 안 되며, 재주가 있다는 것만으로 인간이 존중 받을 수는 없다. 어느 곳에서 무엇을 하든 참다운 삶을 이룰 수 있는 양심이 문제이다. 황진이는 스스로 선택한 기생의 자리에서 바르게 살려고 애썼을 뿐이다. 기생이면서도 완강히 부정한다고 달라지는 것은 없고 아닌 척 피하려고 하는 것은 오히려 허약한 모습만을 부각시키는 것임을 그녀는 잘 알고 있었다. 그런 가운데 황진이는 이사종을 만나 따뜻한 사랑을 했고 행복을 느꼈다. 이사종은 단순한 풍류와 애정의 대상이 아니라 순수한 인간이었다.

5
이생과 동행, 자유를 만끽하다

황진이가 비록 기생이었고 남성들과 빈번히 교류할 수밖에 없었지만 그녀의 삶을 남녀관계나 애정문제에 국한시켜서는 안 된다. 그녀는 제도와 인간에 구속되고 의존하는 자아 박탈과 정체성 상실의 어리석음을 용납하지 않았다. 비록 한계를 지닌 인간이지만 자신의 의지와 능력에 의해 주체적으로 살아야 한다고 생각했다. 그녀에게는 자유로운 기질과 고상한 성품이 내면에 차고 넘쳤다. 무엇보다 황진이는 늘 사회적 존재로서의 강직한 삶을 지향하며 동경했다. 그리고 그러한 관점을 공유할 수 있는 보편적 인간에 대해 깊이 성찰하고 고민하였다.

일찍이 황진이는 타고난 신분의 질곡에서 벗어날 수 없음을 깨닫고 스스로 기생이 되기로 마음먹었다. 게다가 처녀의 몸으로 모르는 사내의 시신에 옷을 덮어주면서 평탄할 수 없는 운명을 예견하고 확고하게 기생의 길로 접어들었다. 황진이처럼 양민이 자발적으로 기생이 되는 경우는 거의 없는 일이다. 많은 남성들과 교류하는 기생의 분주한 생활 속에서 그녀는 고단하지 않을 수 없었다. 가무와 음률만으로 자신이 사는 암울한 세태를 감내하기에는 부족함이 있었다. 때로는 허무한 현실에 놓인 자신의 처지를 발견하면서 극도로 우울해지기도 했다. 이럴 때면 탈속의 경지를 동경하는 타고난 자유 정신이 끓어오르기도 했고, 한편으로 인생의 새로운 변화에 빠져들 수 있는 기회가 되기도 했다.

　　황진이는 비록 화류계에 몸을 담고 있었지만 품성이 고결하여 화려하게 꾸미는 것을 좋아하지 아니했다. 관아의 술자리에 나갈 때도 머리를 빗으로 다듬고 세수만 하였을 뿐 얼굴에 분도 바르지 않고 옷을 갈아입지도 않았다. 또한 질탕한 것을 싫어하여 시정잡배들이 천금을 준다 해도 돌아보지 않았다(『송도기이』). 그녀는 맑은 영혼의 선비들과 교유하는 것을 좋아하였고 음률에 있어 재능을 발휘하며 당시(唐詩) 감상하기를 즐겼다. 당시는 운치가 뛰어나기 때문에 우아하고 온화한 감이 들며 공허하고 신령스러운 기운도 느껴진다. 분명 황진이는 천한 기생이지만 오히려 일반 여성들보다 더 순수하게 반듯한 목표를 가지고 강인한 의지대로 살고자 노력했던 인물이다.

허균이 "황진이는 성품이 쾌활하여 남자와 같았으며 거문고를 잘 타고 노래를 잘하며 일찍이 산수 간에 놀기를 좋아하였다"(『성옹지소록』)고 말한 바와 같이 그녀에겐 활달한 기상이 돋보였다. 당시 뭇 여인들이 지켜야 하는 인종의 미덕과는 거리가 멀었다. 황진이는 일찍부터 '맹자'를 숭앙하며 호연지기를 길러 세상에 나아가야 한다는 생각을 지니고 있었다. 드디어 그녀가 바라던 좋은 기회가 왔다. 원하는 목표대로 살기 위해서는 그에 맞는 적절한 방법이 필요하다. 득도, 즉 도를 깨닫기 위해서는 길을 나서야 했다.

광활한 대자연의 기운을 마시며 산수 간의 풍광을 즐기고 싶어 하던 황진이는 나이가 들어가는 서른 이후 금강산을 비롯하여 태백산, 지리산을 거쳐 금성(나주의 옛 지명)으로 돌아오는 유랑, 즉 무전여행을 떠나기로 결심하였다. 풍광 좋은 산천에서 시를 읊조리며 놀고 싶다는 제자 증점을 부러워한 성인, 공자를 떠올리기도 했을 것이다. 아마도 이 여정은 전국의 명산을 돌아다녔던 스승 서경덕이 갔던 길인지도 모른다. 황진이는 화담 서경덕의 발이 닿았던 금강산, 속리산, 지리산 등을 찾아다녔다.

이번에 떠나는 여행과 관련하여 유몽인의 『어우야담』에 상세히 전하고 있다. "진이는 금강산이 천하의 제일 명산이라는 말을 듣고 한번 두루 속세를 떠나 놀고자 하였으나 같이 갈 사람이 없었다. 이때 이생(이생원)이라는 사람이 있었는데 그는 재상의 아들이었다. 그는 호탕하고 소탈하여서 함께 세상 밖을 유람할 만하였다." 황진이는 인간의 사고와 행동에 속기가 없다고 알려진 이생을 불러 동행하기로 마음먹은 것이다. 이생은 원래 양반집 아들이지만 아버지에게 크게 실망한 후 집을 나와 자신의 의지대로 떠돌며 살았다고 할 수 있다. 김탁환(『나, 황진이』)에 의하면 기묘년에 이생의 아버지는 정암 조광조(1482~1519)의 당으로 몰려 벼슬을 잃고 목숨이 위태로울 것을 염려하여 조광조가 당을 지어 나라를 어지럽히고 왕이 되려 한다는 거짓 상소를 가장 먼저 올렸다고 한다.

방랑기가 좀 있어 보이는 부잣집 건달 같은 이생에게 황진이는 점잖게 요청했다. "내가 들으니 중국 사람들도 우리나라에서 태어나 한번 금강산 보기를 소원으로 여긴다고 합니다. 하물며 우리들은 본토에서 낳고 자라서 신선이 머문다는 산을 지척에 두고도 그 참모습을 보지 못한다면 사람으로서 면목이 서겠습니까? 이제 내가 우연히 신선 같은 도령을 만나게 되었으니 함께 산을 유람하는 것이 정말 좋을 듯합니다. 갈건야복 차림으로 뛰어난 경치를 샅샅이 둘러보고 오면 즐겁지 않겠습니까?" 신선을 숭모하는 마음으로 산에 들어가고자 했던 그녀의 태도에서 도교적 취향을 느끼게 된다. 도교적 자연관에서 자연은 자체의 오묘한 질서가 유지되는 곳이다. 이 관점으로 볼 때는 물아일체가 되고, 인간이 자연에 순응 또는 몰입하게 된다.

하인을 대동하려는 이생을 말리면서 황진이는 조촐한 차림으로 여행의 참맛을 느끼고자 했다. 이생은 삿갓을 쓰고 거친 베옷을 입고 양식 보따리를 등에 졌으며, 황진이는 베적삼에 무명 치마를 입고 여승이 쓰는 송라를 썼으며 짚신을 신고 대나무 지팡이를 짚었다. 그렇게 검소하고 간편한 복장을 하고 두 사람은 산으로 들어가 속속들이 이르지 않은 곳이 없었다. 떠날 때는 이생이 먹을 것을 적잖이 짊어지고 갔으나 여행

도중 양식이 그만 다 떨어지고 말았으며 옷과 신발이 해지면서 두 사람의 행색은 거지꼴에 가까웠다. 그러나 그들은 개의치 않고 산속 곳곳을 하나도 남김없이 보고자 산행에 열정을 쏟으며 유랑생활을 이어갔다. 며칠씩 굶고 돌아다니다 마을이 나타나면 이생은 구걸을 했고 황진이는 끼니를 위해 절에 들어가서 몸을 팔아야 했다. 굶주림에 지치면서도 금강산 유람을 끝까지 강행하는 의지적 모습은 영웅호걸다웠다.

가다가 한 곳에 이르니 시골 선비들 십여 명이 마침 시냇가 소나무 숲에서 잔치를 벌이고 있었다. 황진이가 다가가서 큰절을 하니 선비 하나가 술을 권하였다. 사양치 않고 술을 한 잔 얻어 마신 황진이는 노래로 답했다. 소리가 맑고 가락이 높아 숲을 진동시켰다. 노랫소리가 맑고 커서 깊은 숲속까지 울렸다고 하니 그녀가 얼마나 노래를 잘 불렀는지 확인할 수 있다. 두 사람은 선비들이 권하는 음식을 얻어먹으며 산을 마음껏 돌아다녔다. 아무런 욕심 없이 발길 닿는 대로 유랑하는 가운데 진정한 평안을 느끼며 신선한 자유를 구가했다. 이때 양쪽 집안에서는 이들이 간 곳을 모른 채 자취도 찾지 못하고 있었다. 일 년 남짓 그렇게 돌아다니다가 다 해진 옷에 시커먼 얼굴로 이들이 돌아오니 이웃에서 보고 크게 놀랐다고 한다.

황진이의 의식과 행동은 일상을 해체하고 세속을 부정하는 꿈의 연장이었다. 기행에 가까울 정도로 현실에 얽매이지 않고 참신하게 자기식대로 삶을 결정하고자 하는 태도가 강렬했다. 때로는 위험에 직면하고 회한을 낳기도 했으나 황진이는 일반 여성들이나 다른 기생들과는 분명 차별화되는 모습을 보였다. 여자로서 기생으로서 얼굴만 예쁘게 가꾸고 순종의 미덕이나 발휘하며 사는 생활을 팽개치고, 인생의 의미에 대한 진지한 물음을 안고 길을 떠나는 선각자요 구도자였다. 참된 자아를 깨닫기 위한 구도의 과정은 고행의 연속이었다. 그녀에게는 삶을 역동적으로 변화시켜가는 용기가 있었고 생활 패턴을 과감하게 전환시킬 수 있는 지혜가 있었다. 타고난 성향을 기반으로 구축해온 자기 삶에 대한 선택과 책임은 그녀에게 닥치는 많은 고난을 당당하게 자기 방식으로 헤쳐나갈 수 있었다.

명산대천을 두루 살피며 호연지기를 느끼고 싶어 하던 황진이는 남쪽으로 내려오면서 태백산과 지리산을 찾아서도 자신이 원하는 감회를 얻을 수 있었다. 황진이는 지리산을 신선들이 머무는 곳이자 선비의 기상이 서린 곳이라 보았다. 단순히 높고 클 뿐만 아니라 층층이 일어나는 구름에 마음이 깨끗하게 씻긴다는 생각에서 산을 중하게 여겼다. 자유로운 행동만큼이나 불안한 상황에 부딪치기도 했으나 내면에서는 깊은 감동이 일어났다. 물론 이생도 황진이와 함께 지리산까지 동행하였으나, 그 다음 산을 내려온 후 자유로운 유람과 방랑의 고단함을 견디지 못하고 다시 지루한 속세로 도망치고 말았다고 한다. 여행이 끝나고 아무 미련도 없이 서로 헤어졌다고 말하기도 하나 미련이 쉽게 사라지지는 않았다.

한편으로는 이생이 황진이에게 같이 살자고 하자 황진이가 나이 40이 되었을 때도 나랑 살고 싶으면 그리하겠다고 했고 이생은 정말로 기다렸다고 한다. 그리하여 황진이는 이생이랑 같이 살려고 했는데 그만 황진이가 병에 걸리고 말았으며, 황진이가 죽으면서 자기 때문에 이생을 사랑하지 못한 사람이 있었을 것에 대해 안타깝다고 하면서 생을 마감했다고 한다.

호방한 성격에 자연을 좋아했기에 그녀의 발길이 닿지 않은 데가 거의 없다. 황진이는 애초의 계획대로 꿋꿋하게 지리산까지의 산행을 마치고 나주로 돌아왔다. 그녀의 생애에서 가장 매혹적인 이야기는 이 나주를 무대로 삼고 있다고도 한다. 『성옹지소록』에서는 이 시기에 있었던 일을 다음과 같이 기록하고 있다.

"황진이가 일찍이 산수 사이를 노닐 적에 풍악산(가을에 부르는 금강산의 이름)으로부터 태백산과 지리산을 거쳐 나주에까지 이르렀다. 고을 수령이 사신을 위해 연회를 베푼 자리에 많은 기생들이 줄을 지어 앉아 있었다. 그 속에 황진이는 해진 옷과 때 낀 얼굴로 끼어 앉아 이를 잡으며 태연자약하게 있었다. 그녀가 주연의 자리 앞에 나와서 거문고 연주를 하면서 노래를 부를 적에 조금도 부끄러워하는 빛이 없으니 뭇 기생들이 기가 죽었다."

관에 매여 있는 기생의 처지로 수령이 베푼 잔치에 화장도 않고 다 떨어진 옷을 입고 나갔다는 것은 생각하기 어려운 태도이다. 그러나 처음엔 잔뜩 못마땅한 표정들을 보이던 좌중의 사람들이 "들어보지 못하던 거문고 소리요, 절창이로다." 라고 감동하지 않을 수 없었다. 동료 기생들의 입은 벌어지고, 사대부들은 호기심을 갖고 몰려들었다. 관아에서 거지꼴로 거문고를 연주하고 노래를 부른 것도 집에 돌아올 여비를 마련하기 위한 것이었다고 한다. 기생 황진이는 세상이 말하는 일상적인 안녕과 행복을 누리지는 않았지만, 조선에서 가장 자유롭고 멋진 여자였는지도 모른다.

금강산 여행을 마치고 얼마 지나지 않아 죽게 된 그녀는 외롭게 태어나 외롭게 살다 죽은 고독한 여인이었다. 그러나 태어난 이후의 고독한 삶은 전적으로 그녀의 선택이었다. 그만큼 자존감이 강했고 그를 뒷받침할 만한 능력과 용기가 있었다. 그녀는 자유를 위해 모든 세력과 맞서 대결하고 극복해 갔던 진정한 자유인이었다. 그녀에게는 늘 새로운 인간 세상을 그리워하는 자유가 꿈틀거렸고 그만큼 고독했다. 그러나 "덕이 있으면 외롭지 않으며 반드시 이웃이 있다."(『논어』) 그녀는 순수한 이성과 풍류가 있다면 그 누구와도 함께 했다. 그녀는 남사당패와도 오래 가까이 지냈다.

황진이는 여행을 비롯하여 사랑과 예술과 삶을 통해 자유와 풍류를 실천하고자 했다. 무엇보다 그녀는 사회적 신분과 인간적 모순의 벽을 넘어 아름다운 세상을 꿈꾸었을 것이다. 이 새롭고 아름다운 인간 세계가 그녀가 가고자 했던 자유와 풍류 지향의 길이었다.

6
지족선사의 파계, 인간을 돌아보다

　황진이는 주로 학자나 문인들과 교유하며 개방적인 도량
과 의기를 비롯하여 드높은 식견과 빼어난 재능으로 그들을
매혹시켰다. 더구나 중종(재위 1506~1544) 시절 '살아 있는
부처'라 소리를 듣던 천마산 지족암의 지족선사*의 도심을 시
험하기에 이르렀고 그녀의 뜻대로 지족선사는 황진이의 미모
에 넘어가고 말았다. 선사를 유혹하려 간 것이 아니라 허약한
심신을 위로 받기 위해 선사를 찾아갔다는 설도 있다.

　지족선사와 관련된 일화가 기록으로는 남아 있지 않은

---

*　지족암에 있던 만석선사를 세상에서는 지족선사라 일컬었다고도 한다.

편이다. 다행히 허균의 『성옹지소록』에는 황진이가 입버릇처럼 말했다는 짧은 인용문 하나가 있어 눈길을 끈다. "지족 노선사가 삼십 년 동안 면벽했지만 내게 짓밟힌 바 되었다. 오직 화담 선생만은 여러 해 접근을 시도했지만 종시 어지럽지 않았으니 이는 참으로 성인이다."가 바로 그것이다.

30년 동안 벽만 바라보며 수행을 해왔던 저명한 고승이 한순간에 파계를 당했다고 하면 그에게 접근했던 황진이의 용모와 미색이 얼마나 매력적이었는지 짐작이 간다. 속설에 의하면 지족선사의 소문을 들은 황진이는 장난기가 발동하여 자기 혼자서 스님이 기거하는 산에 올라갔는데, 그날 마침 비가 많이 내려 옷이 흠뻑 젖어 찾아갔다고 한다.

지족선사가 독경하고 있는데 소복한 여인이 법당 앞을 지나갔다. 첫날은 거들떠보지 않았던 선사가 다음 날에는 사뿐사뿐 걷는 여인의 뒤태를 힐끗 쳐다봤고 다음 날에는 살짝 눈에 비친 여인의 옆모습에 놀라 크게 헛기침을 하고는 나무아미타불을 외웠다. 그다음 날부터는 자꾸만 그녀 생각이 떠올라 머리를 내저으며 목탁을 두들겨댔다. 그런데 선녀처럼 어여쁜 그 여인이 다가와 말했다. "소녀는 장원급제한 남편이 결혼 1년 만에 죽어 49재를 드리러 왔습니다. 도력이 높으신선사님을 흠모하여 이 절을 찾아왔사오니 불도로 이끌어주옵소서." 선사는 매일 그녀에게 불경을 가르치지만 잿밥 생각에 혼란스러웠다. 며칠 후 다시 소나기가 내리는데 그녀가 마당을 걸어가고 있었다. 비에 젖은 소복이 착 달라붙어 속살이 다 들여다보이는 듯 황홀했다. 어둠이 내리기 무섭게 선사는 참지 못하고 그녀를 찾아가 사랑을 고백했고 그녀는 기다렸다는 듯이 받아주었다. 선사가 허겁지겁 달려들자 그녀는 나긋이 몸을 비틀면서 사정하였다. "스님, 소녀도 스님을 향한 정념으로 잠을 이루지 못하고 있습니다. 부디 하룻밤만 참아주세요. 오늘이 죽은 지아비의 49재가 끝나는 날이옵니다. 기다리고 있을 테니 내일 밤 제 침소로 오세요." 하루를 천년같이 기다린 선사가 다음 날 밤에 달려갔다. 그러나 그녀는 보이지 않고 속옷만 덩그러니 남아 있었다. 그 후 개성 저잣거리에는 중 하나가 알몸으로 미친 듯이 000의 이름을 부르면서 헤매고 다녔다. 그녀는 물론 황진이였다는 것이다.

조선 후기 제도 개혁보다 도덕성 회복을 강조했던 실학자 이덕무(1741~1793)의 『청비록』에도 해가 질 무렵 황진이가 비를 피하기 위해 선비의 집을 찾아들었던 이야기가 실려 있다. 이런 것을 보면 그녀가 사회 명사들을 시험하고 조롱하는 것들이 완전히 근거 없는 일이 아님을 짐작케 된다.

김탁환의 주석 있는 소설(『나, 황진이』, 2002)을 보면 약
간 다른 느낌이 든다.

지족선사는 삼십 년 면벽수행의 고집이 보이지 않을 만큼 부
드럽고 친절한 분이었지요.…… 사흘을 그곳에서 묵었지요. 지
족선사와 나눈 말들을 일일이 기억할 수는 없지만 떠오르는 풍
경은 하나 있습니다. 둘째 날 오후부터 가랑비가 내렸습니다.
지족선사는 손수 푸르게 피어나는 안개와도 같은 차를 끓였지
요. 솔잎차를 앞에 놓고 빗방울에 빗대어 서로의 마음을 떠보
았답니다. 불제자는 빗방울로부터 벗어나려 했고 나는 그 빗방
울을 온몸으로 맞으려 들었지요. 빗방울에 사로잡히면 모든 것
에 사로잡힌다고 하기에 빗방울 하나도 잡지 못하는 이가 어찌
억겁의 연을 끊을 수 있겠느냐고 따졌답니다. …… 소승이 억
겁의 악연을 홀로 마음에 묻는 법을 가르쳐드리겠소이다. 누추
하지만 이곳에 머물러 정진하시지요. 지족선사는 진심으로 나
를 걱정하였습니다만 나는 오히려 그가 염려스러웠습니다. 심
하게 흔들리는 것도 문제지만 미동도 없이 송장처럼 꼿꼿한 것
도 위험하니까요.…… 비가 그치자 찻잔을 내려놓으며 작별의
인사를 건넸지요.…… 몇 달 후 지족선사의 파계 소식을 들었답

니다. 그것이 과연 풍문대로 황모 때문인지 속세에 들지 않고는 풀지 못할 화두가 있었는지 모르겠네요.

남자들 사이에서도 한 여자를 놓고 누가 먼저 유혹할 수 있느냐 하는 내기를 할 수 있듯이 당시 기생들 사이에선 누가 과연 지족선사를 꺾을 수 있느냐 하는 내기를 한 것으로 보인다. 도력이 높다고 알려진 스님이 있다면 여인들은 가만 내버려두지 않는다는 속설이 있었기 때문이다. 세간의 추앙을 받으면서 교만에 길들여져 있던 지족선사가 황진이를 만난 후 번뇌의 껍데기를 벗고 깨달음을 얻었다고도 한다.

물론 황진이의 개별적인 행동으로서 그녀가 지족선사 한 사람을 파계시켰다고 할 수 있다. 그러나 특정한 인물의 한계와 그에 대한 접근보다는 지족선사로 대표되는 불교계의 문제로도 볼 수 있다. 불교가 본질적인 구도의 역할, 즉 인간의 욕망을 제어하도록 이끌지 못하는 데 따르는 사회적 불만이 숨어 있다고 본다. 선사의 '지족(知足)'이라는 법명도 의미 있는 말이다. '족함을 안다'는 것은 욕심을 절제하는 것이요 그런 과정을 통해서만이 원하는 좋은 결과를 얻을 수 있음은 당연하다. 이름과 다른 실체에 비난은 따르기 마련이다. '십 년 공부 도로 아미타불'이라는 말도 여기서 나왔다는 것이 아닌가.

가령, 조선 순조 때 횡성에 살던 이선략이 평양기생과 함께 금강산 입구에 기방을 차리자, 금강산에 있는 3대 사찰인 유점사, 장안사, 정양사 등의 승려들 중 돈이 많고 바람기 있는 스님들이 그 기방에 가진 것을 다 털어 넣었다고 한다. 실학자 이덕무가 전하는 음란한 〈만석놀이〉도 개성에 있는 대흥사의 스님이 황진이의 계략에 넘어가 파계된 사실을 희롱하는 내용(『사소절』)이다. 이를 보면 황진이가 당시 품고 있던 양반이나 승려 같은 명사들의 위선에 대한 비판적 감성을 쉽게 엿볼 수 있다.

황진이는 자신의 처지와 상대의 입장을 '청산'과 '녹수'에 비유하고 싶었을 것이다. 청산이 자신이라면 녹수는 지족선사를 가리킨다.

청산은 내 뜻이오 녹수는 님의 정이
녹수 흘러 간들 청산이야 변할손가
녹수도 청산을 못 니져 울면서 흘러가는구나

오랫동안 수도에만 전념해온 고승을 몰락시키고 이별한

후에 지은 것으로 알려진 만큼 아쉬움과 슬픔이 곡진하게 나타났다. 물론 위 작품에 대해 더러는 황진이가 서경덕을 위해 지은 것이라고도 하며, 뿐만 아니라 작가가 분명하지 않다고도 한다. 그러나 큰 문제는 청산과 녹수의 성격에 어떠한 차이가 있는가 하는 것이다. 황진이는 자신을 직접 청산에 비유하고, 임을 단순히 녹수에 비유하지 않았다. 나의 뜻이 청산이요, 임의 정이 녹수라 한 사실에 주의를 기울이지 않을 수 없다. 이에 따라 시의 해석에 있어서도 뜻과 정의 대립에 방점을 두지 않으면 안 될 것이다. 그녀가 단순히 산과 물의 우열이 아니라 산의 불변성과 물의 가변성을 문제 삼았음을 다시 확인할 수 있다.

뜻은 상황을 극복하는 의지적인 것인 데 비하여 정은 상황에 따라 변하는 감성적인 것이다. 다시 말해 뜻이란 황진이에게 있어서는 삶의 목표를 이룩하는 가늠자와 같은 것이었다. 마치 냉정한 이타주의자라는 말이 있듯이 남을 돕고 좋은 일을 하는 것도 선의나 열정이 아니라 이성과 과학으로 가능케 됨을 연상케 한다. 황진이는 신의를 올바른 방향으로 이끄는 것은 냉철한 이성임을 깨닫고 있었다. 아니다 싶으면 포기하는 것도 용기라고 하나 포기를 자주 하면 습관이 되어버린다. "여우 피하다 호랑이 만난다"고 하듯이 나약한 정신으로는 아무것도 할 수 없다. 황진이는 강인한 의지의 발동을 인간 본질을 구현하는 수단으로 인식하였다.

사실 인간의 강력하고 견실한 의지는 감성으로서의 변덕스러운 정을 극복할 수 있다. 뿐만 아니라, 인간적 온정조차도 의지의 뒷받침을 통해서 생명력을 발현하게 된다. 흔히 이별시를 보면 여성의 경우 슬픔과 아픔이 증폭되는 가운데 좌절감에 시달릴 수도 있다. 그러나 위 시에서 좌절과 체념의 애상적이며 소극적인 면모는 거의 찾아보기 어렵다. 오히려 결의와 신념이 의연히 표백됨으로써 한순간의 변화와 배신을 되돌릴 만한 자신감이 심층적으로 유로 되고 있다.

기생이 사물로까지 취급되던 시기에 기생일 뿐인 황진이가 이토록 열정적으로 단호하게 자신을 표출한다는 것은 놀라운 일이다. 산을 사랑했던 황진이의 입장과 지향하는 뜻을 분명히 알 만하다. 그리고 산을 사랑하는 만큼 황진이는 도도하고 올올하다. 물론 자신감보다도 청산과 같이 꿋꿋한 인간의 마음과 진실을 갈망하면서 변화에 익숙한 자들에 대한 분노와 경멸의 우회적인 표현일 수도 있다.

시에서 노래하듯 변하지 말아야 할 것이 변하고 말았다

는 것은 심각한 문제다. 지족선사가 한낱 기생의 꼬임에 넘어가 파계된 것은 방만함과 경솔함에 기인한다. 성실한 태도와 강인한 의지만 있다면 인간의 한계는 얼마든지 극복할 수 있다는 황진이의 깊은 의도가 포착된다. 종장에 이르러 황진이는 '변덕스러운 정마저도 불변의 가치를 부러워한다'는 내면의 고백으로 강력한 의지의 승리를 선언하게 되었다. 어쩌면 수도하던 고승이 범속적 인간으로 전락되는 처지를 보는 씁쓸한 심정에 인간 본연의 모습을 그리워하고 있는지도 모른다.

그러나 그녀가 더 심각하게 느꼈던 것은 인간의 약점을 파고드는 자신의 가볍고 어쭙잖은 행동이었다. 자존감이 남달랐던 황진이는 시간이 지난 후 이러한 인간 사회에서 성행했던 경쟁 심리와 충동적 욕구에 따른 경박성에 참회하는 마음이 컸을 것이다. 인생의 궁극적 가치의 모색과 그 실현을 위한 치열한 성찰과 달리 자신이 보인 얕은 대중심리는 물론 남의 실수를 이끌어내는 간교함에 스스로 몸서리치지 않을 수 없었을 것이다. 지존의 승려를 무릎 꿇게 한 데서 오는 정복감보다 "도끼가 제 자루 못 찍는다"는 속담처럼 오히려 자신의 부족함에서 오는 허무감이 더 컸을 것이다. 결과적으로 마음속에 진실로 믿고 싶었던 수도자의 고고함이 황진이에게 안타까움으로 돌아왔을 것이요. 고승을 농락해보려 했던 교활하고 오만한 태도 또한 부끄러운 일로 생각되었을 것이다. 뛰어난 장점에 맞먹는 결점을 갖지 않은 사람은 없다. 황진이는 근원적인 인간에 대한 탐색과 더불어 모순과 왜곡의 상황에 직면하여 늘 괴로워했다.

계략이 난무하고 변덕이 들끓는 현실에서 찾고자 하는 삶의 진정성과 지고한 가치의 문제가 새롭게 대두된다. 인간의 위선과 불신을 경멸하는 황진이의 생각과 함께 신뢰 구현의 미래지향적 소망이 앞 작품 전체에 확산되고 있다. 가변적 감정과 세속적 욕심을 극복하기 위한 성리학적 의지와 그를 통한 인간성 회복은 황진이가 의도했던 영원한 주제였다.

황진이는 사랑을 찾기 위해 임의 감정에 호소하려는 감상적인 시도보다는 인간적 진실을 구원하기 위한 의지를 강조하려고 노력하였다. 물론 그녀의 이성과 의지적 관심은 인간적 정감이나 감성과의 상보적 관계 속에서 발로되고 있다. 이와 같이 황진이는 신뢰와 진실 회복의 의지적 관점을 애정과 감성을 보완하는 대안으로 인식했다.

7

서경덕의 인품, 존재의 이치를 밝혀주다

화담 서경덕(1489~1546)은 조선 중기를 대표하는 훌륭
한 선비이자 학자이다. 대학자에 걸맞게 서경덕은 20세 때에
는 잠자는 것도 먹는 것도 자주 잊은 채 사색에만 잠기는 습관
이 생겨 3년이나 그렇게 지냈다는 일화도 있다. 그는 이념적
이(理)보다는 현실적 기(氣)를 중시하는 주기론(主氣論)의 선구
자였다. 주기론자답게 그는 1506년 『대학』의 '치지재격물(致知
在格物)'조를 읽다가 "학문을 하면서 먼저 격물을 하지 않으면
글을 읽어서 어디에 쓰리오"라고 탄식하면서 천지만물의 이
름을 벽에다 써 붙여 두고는 날마다 힘써 탐구했다고 한다. 다
시 말해 그의 학문은 일관되게 사물의 이치를 파고드는 것이

었다. 만약 하늘의 이치를 궁구해야겠다는 생각이 들면 하늘 '천(天)' 자를 사방에 써 붙이고 깨달음이 있을 때까지 정밀히 사색하고 탐구하였다. 그리하여 사물의 이치를 알아낸 연후에야 (남의) 책을 읽어 자신의 생각을 증명해 내었다.

서경덕은 1519년 개혁정치의 선구자인 정암 조광조(1482~1519)에 의해 채택된 현량과(천거를 통한 인재 등용)에 수석으로 추천을 받았으나 사양하고 학문과 교육에 전념했다. 34세가 되던 해 그는 남쪽 지방의 수려한 곳을 유람하기 위해 길을 떠났다. 기인이자 제자인 토정 이지함(1517~1578)과 함께 지리산을 찾아갔다가 선비인 남명 조식(1501~1572)을 만나기도 했다. 1531년 43세에 생원시에 합격하고 성균관에서 수습을 하던 도중에 개성으로 돌아와 송악산 자락의 화담(花潭, 꽃 피는 연못의 뜻) 옆에 초막을 짓고 일생을 학문에 집중하였다. 서경덕의 호인 화담은 바로 이곳 지명에서 따온 것이다.

서경덕은 과거시험에 붙고서도 부패한 조정에 염증을 느껴 벼슬을 멀리하고 일생을 학문에만 몰두했던 큰 학자였다. 집이 극히 가난하여 며칠 동안 굶주려도 태연하게 도학에만 전념했고 제자들의 학문이 일취월장하는 것을 큰 즐거움으로 여겼다. 평생을 산속에 은거하고 살았지만 정치가 잘못되면 개탄을 금치 못하고 임금께 상소를 올려 비판하곤 했다. 서경덕이 개성 부근의 성거산에 은둔하고 있을 때였다. 자연히 그의 인품과 학식이 인근에 자자하게 알려졌고 그 소문을 황진이도 듣게 되었다. 지족선사 등 내로라하는 남성들을 무너뜨린 기세를 몰아 황진이는 30세쯤 연상인 서경덕에게도 도전하기로 마음을 먹었다. 그리고 기생으로서 다른 선비들에게 썼던 수법으로 서경덕에게 접근을 시도했다.

유몽인은 자신이 지은 『어우야담』에서 다음과 같이 말한 바 있다. "송도의 이름난 기생 진이라는 사람은 여자 중에서 사소한 데 속박됨이 없고 책임감과 의리가 있었다. 황진이는 화담 서경덕이 처사로서 행실이 고상하고 벼슬에 나아가지 않았으며 학문이 정밀하다는 소문을 들었다. 그래서 그를 시험해보려고 여자로서 허리에 실띠를 두르고 『대학』을 옆에 끼고 찾아가 절을 한 뒤 말했다. '제가 듣기로는 『예기』에 이르기를 남자는 가죽띠를 매고 여자는 실띠를 맨다고 했습니다. 저도 학문에 뜻을 품고 허리에 실띠를 띠고 왔습니다.' 화담은 웃으면서 그녀에게 글을 가르쳐주겠다고 약속했다. 황진이는 밤을 틈타 선생 곁에서 친근하게 굴며 마등가 여인이 아난존자를 연모하여 붙어 다닌 것처럼 음란한 자태로 유혹했다. 여러 날 그렇게 하였지만 화담은 끝내 조금도 흔들리지 않았다."

황진이는 부끄러움과 원망스러움을 이기지 못하여 결국 서경덕에게 사죄를 드리고 금강산으로 떠나버렸다고 한다. 그러나 서경덕을 향한 그녀의 관심은 쉬 사라지지 않았다. 황진이가 원망과 탄식을 통해 서경덕을 사모하는 마음을 들어보자.

> 내 언제 신(信)이 없어 님을 언제 속였관대
> 월침 삼경에 올 뜻이 전혀 없네
> 추풍에 지는 잎 소리야 난들 어이하리오

자신과 상대방의 관계 속에서 일어나는 심적 갈등을 문제 삼고 있는 황진이의 입장이 목격된다. 황진이와 서경덕의 관계는 안타깝게 단절되어 있는데, 그 이유는 진실과 믿음의 결핍 때문이다. 초장에 나오는 '불신'과 '기만'의 어휘야말로 황진이의 의도를 적절히 드러낸다. 인간의 거짓과 불신을 증오하며 신뢰와 정직을 지향하는 황진이의 내면이 처음부터 격렬하게 분출되고 있다. 착한 본성과 올바른 삶을 회복하고자 하는 황진이의 인본주의적 관점은 현실적 안타까움을 가중시켰다. 믿음과 사랑이 망각되고 실종된 상황 속에 자신의 진실과 신의가 굳건함을 선언할 수밖에 없었다.

중장에서 '월침삼경'의 시어가 야기하는 암흑과 공허의 상황을 배경으로 임이 돌아올 조짐이 없음을 탄식함으로써 애정 노래의 일반적인 속성을 유지하는 듯하다. 그러나 달도 없는 어두운 밤에 작자는 홀로 고독에 사로잡혀 있다. 그리하여 상대, 즉 세상엔 가치실현을 위한 의지로서의 '뜻'이 부족함을 성토하기에 이른다. 자신에게는 진정으로 상대방을 사랑하고 존경하는 마음이 있으나, 임에게는 그러한 신뢰와 정직의 덕목을 구현하려는 의지가 결여되어 있다. 부사어 '전혀'가 시사하는 바, 황진이가 어느 정도로 상대방의 진실하지 못한 태도를 못마땅하게 여기고 있는지도 쉽게 느낄 수 있다.

다시 생각해보면 황진이가 임으로 대표되는 현실의 인간성 상실을 마음 아파하고 있음이 뚜렷하다. 자연과 달리 인간은 말만 많지 할 일을 다 하지 못할 뿐만 아니라 약속도 어겨가며 남에게 상처를 주곤 한다. 사람들에게는 결과를 중시하고 소유하려는 욕구에 비해 진실에 도달하려는 믿음이 잘 보이지 않는다. 결국 자기의 행복과 사랑만을 문제 삼지 않고 인간의 보편적 도덕성과 삶의 진정성을 촉구하는 황진이의 담대하고 참신한 안목이 드러난다.

마침내 황진이는 자연의 이치에 거역하고 있는 인간의 허위를 질타하기에 이르렀다. 종장에서처럼 자연의 현상은 인간의 개입 없이 그 나름대로 엄격한 질서와 일정한 법칙에 의해 순행되는 만큼 스스로 작동하는 원리와 동력이 상존한다. 인도 설화라고 하는데, 어떤 사람이 호두나무 그늘 밑에 앉아 호박 넝쿨을 바라보면서 문득 생각에 잠겼다고 한다. "하나님은 참 이상하셔! 땅 위를 기는 것밖에 아무것도 할 줄 모르는 저 가냘픈 덩굴에다 어찌 저렇게 큰 호박을 달아놓으셨을까? 게다가 어찌 저 작은 호두 열매는 큰 어른이 매달려도 부러지지 않는 튼튼한 나뭇가지에 매달아 놓으셨을까?" 바로 그때 갑자기 세찬 바람이 불더니 잘 익은 호두열매 하나가 떨어져 공교롭게도 명상에 잠겨 있던 바로 그 사람의 머리 위에 "딱!"하고 떨어졌다고 한다. 인간이 따라갈 수 없는 자연의 섭리가 있다.

더욱 중요한 것은 '낸들 어이하리오'가 주는 뉘앙스와 의미의 함축성이라 하겠다. 자연의 문제는 자기가 감히 관여할 수 없다고 함으로써 인간 문제의 해결 가능성을 열어주기 때문이다. 인간 본연의 삶에 대한 황진이의 성찰과 인식의 충만함을 거듭 확인하게 된다. 이 작품을 심도 있게 살펴볼 때 신의와 기만의 대립적 길항을 통해서 인간성의 미적 본질을 문제 삼는 황진이의 심오한 태도와 의지를 간파할 수 있다.

『어우야담』『성옹지소록』 등에 기반하여 황진이와 서경덕의 미묘한 관계는 다음과 같이 가공되어 전하고 있다. 황진이는 비가 내리는 어느 날 가벼운 옷차림으로 빗속을 걸었다. 많은 비에 옷이 달라붙어 육감적인 몸매를 적나라하게 드러냈다. 요염한 자태로 그녀는 서경덕이 홀로 은거하고 있는 초당으로 들어갔다. 조용히 글을 읽고 있던 그는 아리따운 여인을 보고 스스럼없이 반겨주었다. 비에 젖은 여인의 옷을 벗기고 물기를 닦아준 그는 마른 이부자리까지 펴주며 몸을 말리도록 권유했다. 그는 눈도 깜짝 안하며 옆에 꼿꼿한 자세로 앉아 밤이 깊도록 책만 읽고 있었다. 삼경쯤 되자 서경덕은 옷을 벗고 황진이의 곁에 누웠고 그는 눕자마자 꿈나라로 가버렸다. 서경덕은 그녀의 어떤 시도에도 넘어오질 않았다. 밤새 뒤척이다 새벽녘에 잠이 들었던 그녀가 눈을 떴을 때 그는 벌써 일어나 아침밥까지 차려 놓고 있었다. 함께 오래 지내며 여러 수를 써 봐도 소용없었다. 황진이는 빨리 그곳을 벗어나고 싶었다. 서경덕은 듣던 대로 의연하기 그지없었다. 그 도도하고 교만하던 황진이는 감탄할 수밖에 없었다.

그 뒤로 황진이는 성거산 암자를 다시 찾았다. 조촐하고 단정한 옷차림으로 정성껏 음식을 장만하여 서경덕에게 갔다. 역시 글을 읽고 있던 서경덕이 이번에도 반갑게 맞았다. 방 안에 들어선 황진이는 그에게 큰절을 올리며 제자로 삼아 줄 것을 간곡히 부탁했고 서경덕은 빙그레 웃었다. 개방적인 풍모를 지닌 서경덕은 천한 기생을 받아주었고, 그녀는 제자가 될 수 있었다.

황진이는 비로소 큰 스승을 만나는 행운을 얻게 되었다. 그 후 그녀는 화담학파를 이끄는 대모 겸 10년간 서경덕의 문하를 지킨 지식인으로 자리 잡았다. 그리고 이렇게 해서 두 사람은 스승과 제자이자 사랑하는 연인으로 발전할 수 있었다. 황진이의 로맨스는 결코 일반 남녀의 염문에 비할 바가 아니다. 그들 사이의 사랑에는 숭고함이 서려 있었다. 어느 야사에도 서경덕과 황진이가 깊은 정을 나누거나 쾌락을 누렸다는 기록은 찾아보기 힘들다. 황진이는 서경덕을 흠모하였다.

화담 서경덕은 황진이가 선택한 마지막 남자이자 참으로 그녀가 존경했던 고결한 인간이라 할 수 있다. 그녀 주위의 남자들 대부분이 단순히 풍류객이었다면 서경덕은 훌륭한 인품을 지닌 대학자였다. 지적 욕구가 강하고 진실한 인생을 바라던 황진이였기에 많은 남자들이 그녀의 그러한 갈증을 풀어주기에는 역부족이었다. 그러기에 당대에 학덕이 뛰어나다는 서경덕의 존재는 그녀에게 희망이 되었다.

세상 남자들은 황진이의 수려한 미모와 아름다운 자태에 반해 넋을 잃고 오금을 못 폈다고 하는데 오직 서경덕만은 한밤중 동침을 하면서도 지조를 지켰다고 하니 경이로운 일이다. 그러나 서경덕이 아무리 뛰어난 철학자요 훌륭한 선비라고 할지라도 그도 역시 사내로서 여자를 모를 리 없었는지 그에게 첩까지 있었다. 그럼에도 불구하고 황진이와의 관계가 그토록 아름답고 순수했음을 두고 세상 사람들은 유유상종이라는 말들을 하곤 한다. 둘은 참으로 신실한 관계였음을 보여준다.

허균의 『성옹지소록』 등 여러 문헌에 전하고 있듯이 황진이는 그녀 나름의 깊은 자존감 속에 살았다. 황진이는 평소에 서경덕에게 말하기를 "송도에는 세 가지 뛰어난 것이 있사옵니다"라고 했다. 서경덕이 황진이를 쳐다보며 무엇인지를 묻자 "첫째가 박연폭포*요 둘째가 선생님이십니다"라고 답했다. 서경덕이 웃으며 셋째를 묻자 "세 번째는 바로 소녀이옵니다." 라고 답을 하였다. 서경덕도 공감이나 하듯이 소리 없이 미소를 지었다고 한다. 이렇게 황진이에 의해, 송도의 가장 뛰어난 세 가지를 일컫는 '송도삼절(松都三絶)'이 회자되었다. 허균은 다시 "그녀의 말이 비록 우스갯소리이긴 하나 또한 일리가 있다."(『성옹지소록』)고 하였다.

유럽 최고의 도시인 베네치아의 인구가 겨우 10만 명에 이르던 시절 송도(개성)의 인구는 무려 20만 명이나 되었다. 개성에는 많은 기와집 사이로 유리같이 맑은 시냇물이 흐르고 여기저기 희고 깨끗한 너른 바위가 널려 있었다. 개성은 고려의 충신 정몽주(1337~1392)가 쓰러진 유적 선죽교가 있고 고려 왕실의 만월대가 쓸쓸히 남아 있는 곳이다. 개성의 숭양서원은 포은 정몽주를 모시는 서원으로 유림의 상징적인 처

---

* 김이재(1767~1847)의 『중경지』(10권)에도 송도삼절 이야기가 나오며 황진이가 「박연폭포」 시를 지은 사실과 더불어 시도 소개하였고, 박연폭포 아래 바위 위에는 이백의 「여산시」 한 구절이 새겨 있는데 혹자는 황진이가 쓴 것이라고 한다는 사실까지 적고 있다. 실제로 폭포수가 떨어지는 못 옆에 수십 명이 앉을 수 있는 넓은 바위가 있는데 이곳에 '비류직하삼천척(飛流直下三千尺)'이라는 시구가 새겨져 있다. 전하는 말에는 황진이가 머리를 풀어 이 시구를 썼다는 것이다.

소였으며 정몽주가 피살된 선죽교는 전국의 모든 선비들이 찾는 명소였다. 그리고 개성에는 선비들이 학문을 다지던 성균관이 있다. 개성은 조선 사대부의 성리학이 본격적으로 유입되고 꽃을 피우던 곳이다. 그리하여 개성에는 우후죽순 실력 있는 성리학자들이 등장하고 유교적 전통이 확립되고 있었다.

누구보다 고향을 좋아했던 황진이에게 이 유서 깊은 개성은 그녀의 인생과 학문의 토대가 되었다. 마침내 황진이는 개성 성리학의 신화라 할 수 있는 서경덕을 만나 삶의 이치를 터득하는 행복을 누리게 되었다. 아마 황진이는 개성을 대표하는 서경덕의 후학으로서 퇴계 이황(1501~1570)에 뒤지지 않는, 아니 스승과 맞먹는 기백을 뽐내고 싶었을 것이다. 더구나 개성은 고려 시대부터 상업이 발달한 지역이고 중국문화가 들어오는 통로이기 때문에 이쪽 사람들은 대단히 개방적이었으므로 조선의 정통 성리학에서 이단으로 여기던 양명학과 도교 등도 받아들이는 분위기였다.

전통적으로 여성들은 남녀의 애정 관계가 원만치 못할 때 남성을 원망하기보다는 자신을 탓하고 스스로 책임을 지는 태도를 보인다. 그만큼 애정에 갇혀서 합리적인 생각을 할 겨를이 없다. 그러나 앞 시에서 살폈듯이 황진이는 과감하게 이별의 원인이 상대 남성에게 있음을 지적하고 자신의 결백을 천명한 바 있다. 더구나 황진이는 함부로 여길 수 없는 덕망이 높기로 소문난 서경덕 앞에서도 입을 닫고 있지 않았었다. 자신의 진실과 믿음을 받아들이지 못하는 인간 현실의 부당함에 대해 불만을 표출하고자 했던 것이다.

　　사실 세상을 향해 인간의 결핍과 모순을 문제 삼던 그녀였기에 궁극적으로 세상과 다른 서경덕을 더욱 사랑하고 흠모할 수 있었다. 참된 사랑을 회복하고 본질적인 인간의 삶으로 나아가는 길에 더없이 소중한 것이 바로 순수와 이성, 믿음과 의지임을 황진이는 나이가 들고 특히 서경덕 같은 스승을 만나며 깊이 알게 되었다. 홀로 공부해가며 깨달을 수도 있으나 스승을 만나 배우고 익히며 더욱 성장해갈 수 있었던 것이다. 서경덕과 황진이의 관계에 대해 허균은 "황진이는 평소 화담의 인물됨을 사모했다. 반드시 거문고를 옆에 끼고 술을 걸러 화담의 거처에 가서 즐거움을 다하고 갔다"(『성옹지소록』)고 말하고 있다. 그리고 이어서 "황진이는 언제나 말하기를 '지족선사가 30년 동안 벽만 바라보고 수도를 했지만 역시 내

술수에 넘어가고 말았는데 오직 화담 선생만은 가까이 한 지 몇 년이 지났으나 끝내 자신을 어지럽히지 않았으니 이분이야말로 참으로 성인이시다.'라 했다"고 전하였다.

그렇게 서경덕은 그녀가 평생 사모했던 지고한 존재이기에 황진이는 그로부터 학문을 배우고 의심나는 것을 묻기도 하며 관심 있는 것을 갖고 토론도 했다. 또한 황진이는 그를 만나 술을 마시며 거문고 연주와 함께 마음껏 풍류를 즐기기도 했다. 존경하고 사랑하는 서경덕과의 사이에서 황진이가 얼마나 많은 생각과 각성이 있었을지는 상상하기 어렵지 않다. 자신을 포함하는 인간에 대해 신의와 진실을 묻고 성찰하는 황진이의 고뇌는 서경덕을 만나 더욱 치열해졌다.

많은 작품에서 남녀의 애정을 시적 모티브로 하여 인간적 신뢰를 구축하는 데 따르는 순수와 의지의 중요성을 역설하고자 했던 황진이의 깊은 의도를 소홀히 다루어서는 안 된다. 흔히 인간관계에서 그러하듯이 떠나는 이유는 있겠으나 상당히 무심한 태도에서 이별이 이루어진다. 우리는 불행한 결과에 직면해서야 자신들의 경솔함을 깨닫고 후회를 하기 일쑤다. 대개 시간과 경험을 통해서야 함부로 인간관계를 파기해가는 어리석음을 확인하곤 한다.

앞에서 본 바와 같이 『어우야담』에 따르면 신뢰를 깨는 미욱한 인간으로서의 황진이도 서경덕의 고매한 인품을 감히 시험해보고자 유혹했었다. 여기서 계략과 허위가 무성한 인간세상의 온당치 못한 현상을 보게 되며 또한 황진이의 부끄럽고 회의적인 심리 또한 간파하기 어렵지 않다.

기만과 위선을 거부하면서 인간적 신의를 제고하고 승화시키려는 소망과 실행 의도는 황진이의 삶 전체에서 나타나고 있다. 이러한 꿈과 노력은 인간 내면의 열렬한 감성만큼이나 냉철한 이성에 의해 실현 가능하다. 뜨거운 열정보다 오히려 강인한 의지를 소중하게 인식하는 것이 황진이의 철학이라 할 수 있다.

그녀의 출중한 외모, 탁월한 재능, 활발한 성격 등은 주위의 시선을 집중시킬 만했다. 뭇 남성들의 수많은 접근은 황진이를 더욱 교만하게 만들었을 것이다. 실제로 자신을 당대 최고의 석학인 서경덕과 대등한 자리에 놓고 '송도삼절'이라 언급할 정도로 황진이의 자의식은 대단했다. 그러나 가진 것만큼 못 가진 것에 대한 불만도 만만치 않을 수 있다. 그것은 고통과 갈등의 주된 원인이 되기도 하며 진보적인 삶으로 나아가는 동력이 되기도 한다. 황진이는 진정 감성적 인간이면서도 지적이며 의지적인 면모를 보여주고 간 멋진 인물이다.

인간은 살아가는 동안 순수성과 진정성을 잃기 쉽다. 지족선사를 파계시켰던 황진이의 다음 목표가 화담 서경덕이었다니 참으로 가소로운 일이다. 하지만 서경덕은 흔들리지 않았고 결국 황진이는 서경덕의 고매한 인품에 무릎을 꿇어야 했다. 이렇게 황진이로 하여금 존재의 이치를 터득하게 한 인물이 바로 서경덕이다.

그러나 자신의 감정을 내어주지 않던 위인 서경덕도 후회하는 마음을 지니고 있었던 것 같다. 즉 성거산에 은거하여 살던 서경덕이 황진이를 마음에 두고 애태워 했음을 다음과 같은 데서 알 수 있다.

마음이 어리석은 후니 하는 일이 다 어리다
만중운산에 어느 임이 오리마는
지는 잎 부는 바람에 행여 그인가 하노라

『송도기이』에 보면 "황진이는 일찍이 화담 선생을 경모하여 항상 문하에 나가 뵈었는데, 선생도 또한 물리치지 않고 그녀와 더불어 담소하였으니, 그녀가 어찌 절세의 명기가 아니리오?"라고 기록되어 있다. 분명 서경덕은 황진이의 스승이었지만 연인이기도 했다. 황진이는 학덕이 있는 지성인을 사랑했기에 둘 사이에는 때로 긴장이 흘렀다. 사랑하기 때문에 오히려 서경덕은 원망의 대상이 될 수도 있었고 황진이로 인해 서경덕도 애를 태워야 했다. 잠시 바람만 불어도 그녀가 오지 않았는지 서경덕은 몇 번이나 문을 열어 보았겠는가. 마당에 나가보기도 여러 차례였을 것이다.

기생 필리스에게 대철학자 아리스토텔레스(BC 384~BC 322)가 무너졌듯이 황진이에게 결국 서경덕도 넘어갔다고도 한다. 황진이는 서경덕의 인품에 고개를 숙이면서도 늘 사랑을 호소했고, 마침내 흔들림이 없던 스승 서경덕도 자신의 어리석음을 토로하며 그리움을 읊었던 것이다.

황진이의 서경덕에 대한 존경과 연모는 변함이 없었고, 서경덕 또한 황진이에 대한 믿음과 그리움이 이만저만이 아니었다. 수십 년의 나이 차이에도 둘은 서로 존중하고 사랑했다. 서경덕의 문집에는 황진이에 관한 어떠한 기록도 남아 있지 않으나 그만큼 그들의 마음속에 사랑과 그리움이 절절히 배어 있었을 것이다.

황진이는 항상 변하는 것(감성적)과 변하지 않는 것(이성적)의 대립을 통해 변하는 것으로서의 인간존재가 지닌 한계를 안타까워했다. 황진이는 "신성한 송악산이 번화롭던 날을 생각하니(神松憶得繁華日)/어쩌다 이 봄이 가을인 양 쓸쓸한가 (豈意如今春似秋)"(「만월대회고」)라고 읊은 것처럼 화창한 봄에도 가을과 같이 스산함을 느꼈다. 그녀는 늘 인생의 무상함을 탄식하고 허무함을 슬퍼했다. 애착을 느낄수록 더 허전해지는 건 어쩔 수 없는 일이고, 어떠한 인간의 노력도 세월을 이길 수는 없다. 그토록 존경하며 늘 함께 하고 싶던 스승은 58세에 자신의 서재에서 끝내 세상과 이별하고 말았다.

산은 넷 산이로되 물은 넷 물이 아니로다
주야에 흐르니 넷 물이 있을쏘냐
인걸도 물과 같아서 가고 아니 오는구나

황진이가 서경덕보다 먼저 죽었다는 일부 학계의 주장은 잘못이다. 역사학자 이이화(1937~)는 황진이가 서경덕의 제자임을 적극적으로 주장하면서 황진이가 스승의 학설인 기일원론을 터득할 무렵 서경덕이 세상을 떠났다고 한다. 위 작품을 보면 서경덕의 죽음 앞에서 일어나는 황진이의 인간적 애석함과 공허감이 간결한 구조로 상징화되었다. 초장에서 산과 물의 등장은 순수성을 연상시키면서 자연스럽게 인간과의 비교를 유발한다. 그리고 자연에 대한 논의가 중장을 거쳐 종장에 이르러 인간의 결핍성으로 집약되었다. 인간의 한계를 '산'이 아닌 '물'로 요약 제시하고 있음이 돋보인다. 앞에서도 언급했듯이 황진이는 단순히 물을 배척하고 산만 취하고자 한 것이 아니다. 원천적으로 산을 좋아하되 변하지 않는 속성 때문이요 물을 비판한 것은 변덕스러움 때문이었다.

여기서 특정한 대상의 등장이나 서정적 자아가 표면화되지 않고, 이별의 비통함도 절실히 표출되지 않으며, 사랑을 염원하는 애절한 노력도 찾아보기 어렵다. 이렇듯 남녀의 문제를 넘어서 올바른 인간관계의 올바른 확립과 인간성의 회복을 촉구하고 있다. 황진이는 단순히 떠난 사람을 그리워하는 애련의 노래를 부르지 않았다. 그녀는 끊임없이 인생에 대한 철학적 사색과 관조 속에서 인간의 결핍과 인생의 무상을 드러내었다.

자연과 인간을 비교하는 데 그치지 않고 같은 자연임에도 불구하고 순수성에 차이가 있음을 표명하는 것에 주목할 필요가 있다. 이러한 미시적 분석은 인간의 신의와 진실을 밝히는 과정으로서 의미가 크다. 아름다운 것은 시대와 상황에 관계없이 영원한 가치로 인정받을 수 있다. 변덕스러운 마음,

진지하지 못한 태도를 경멸하면서 신의와 진실을 지키려는 의지를 고귀하게 여기는 황진이의 입장이 선명하다. 동양에서 흔히 욕심 많은 인간의 속성을 언급하면서 순수한 물의 가치를 부각시키는 경향을 볼 때 황진이의 발상은 참신하지 않을 수 없다. 황진이는 물을 변덕스러운 것으로 보고 믿기 어려운 인간을 물에 비유하였다.

가고 싶으면 가고, 오고 싶으면 오는 감성적 태도는 그녀에게 있어 무한히 용납될 수는 없다. 물론 스승 서경덕은 존재하는 만물은 오고 감에 있어 끝이 없음을 들어 한 차원 달리 말하고 있지만 황진이는 현실을 사는 인간의 당위성에 더 무게를 두었다. 황진이는 허무와 상실의 공간을 무심코 방관하지 않았다. 오히려 현실의 상황에 직면하여 인간의 결핍과 모순을 냉철하게 지적하고 신뢰의 회복과 지속에 대한 염원을 드러냈다. 현재와 대응되는 '녯'의 시간 개념이 두드러진 것도 바로 그러한 이유에서이다. 미래가 현재에서 나아가듯이 현재 또한 과거와 분리될 수 없을 것이다. 삶의 현실적 공간을 이렇듯 통시적 맥락에서 파악하려는 황진이의 인식은 명쾌하다. 복고적 성격으로서의 '녯'이 아닌 역동적 의미로의 '녯'을 강조하는 황진이의 관점은 '주야' 표현을 통한 시간적 단절성을 부각시키면서 부정적 인간 현실을 강도 있게 비판하고 있다.

가변적 현실 속에서 긍정적 과거를 회복하려는 총체적 안목은 황진이의 철학적 깊이와 인생관의 폭을 대변하는 셈이다. 그녀는 인간의 의미를 단순한 현상 속에서 구하지 않고 거시적인 차원에서 찾고자 했던 것이다. 작자 황진이가 꿈꾸었던 고도의 인간적 의의에 반하는 현실의 상황에 대한 개탄이 도사리고 있음을 엿보게 된다. 시적 자아가 감추어지는 시는 관념적 태도나 이데올로기의 표명을 목적으로 할 때 주로 나타나는 것이다.

여기서 특정한 대상의 등장이나 서정적 자아가 표면화되지 않고, 이별의 비통함도 절실히 표출되지 않으며, 사랑을 염원하는 애절한 노력도 찾아보기 어렵다. 이렇듯 황진이는 남녀의 문제를 넘어서 올바른 인간관계의 확립과 인간성의 회복을 촉구하고 있다. 그녀는 단순히 떠난 사람을 그리워하는 애련의 노래를 부르지 않았다. 그녀는 끊임없이 인생에 대한 철학적 사색과 관조 속에서 인간의 모순과 인생의 무상을 드러내었다.

황진이는 금강산 여행을 비롯하여 마지막 의미 있는 유

람을 끝내고 개성으로 돌아왔다. 온갖 사연과 감동을 안고 귀환한 정든 땅이건만 불현듯 어느 누구 하나 반겨 줄 이 없는 슬픔이 밀려들었다. 많은 사내들을 거침없이 희롱하고 때로는 깊이 사랑도 하며 주야로 꿈을 찾아 노닐었던 일들이 스쳐 지나갔다. 마음만 먹으면 그 누구라도 자신의 곁에 둘 수 있을 듯이 도도함이 넘치던 그녀에게 무거운 외로움이 자신을 에워싸는 처지가 되었다. 이미 자기의 시대는 지나간 것인가. 돌아온 고향 땅에 어색한 분위기가 역력하다. 물이 흘러가듯 세월과 함께 모두 다 자취를 감춘 쓸쓸함만이 감돈다. 무엇보다 그토록 사모하던 화담 선생도 이 세상 사람이 아니니 그 허탈함은 이루 말할 수 없다. 지나온 자신의 생애를 한꺼번에 되돌아보면서 오히려 담담해지기도 하는 그녀의 앞에 자신의 죽음이 한 발짝 다가서고 있다는 느낌마저 일게 하였다.

황진이가 일생 동안 참으로 존경하면서 사랑한 사람은 서경덕이라고 한다. 그러한 서경덕의 존재가 사라진 다음 그녀는 인생의 덧없음을 달래기 위해 서경덕의 발걸음이 닿았던 흔적을 두루 찾아다니며 그의 체취를 느끼고 싶어 했다. 위인의 온기와 학덕의 향기가 소멸된 가운데 그녀의 삶의 의욕과 동력은 극도로 약화되고 몸도 지쳐가고 있었다. 결국 세속의 모든 인연을 끊고 사람들의 이목을 피해 떠돌아다녀야 했다. 그 후 개성의 서경덕은 조선시대 유물론의 선구라는 이름으로 북한에서 추앙받고 있으며, 황진이의 무덤은 김정일의 지시로 말끔하게 정비되었고, 박연폭포는 천연기념물로 남아 있다.

8
송겹과 이언방을 만남, 소리로 교감하다

황진이는 어머니 진현금과 반대로 어린아이 때부터 배우고 익혀온 가야금을 놓고 열 살을 넘겨 음률에 눈을 뜬 후부터는 거문고를 끼고 살았다. 손가락으로 뜯어 여리고 부드러운 맛이 나는 가야금보다는 술대로 내리치는 거칠고 힘이 넘치는 거문고가 더 마음에 들었다. 사실 황진이의 악기 연주는 운명적으로 타고난 것이었다. 맹인 악사인 어머니의 이름이 '검은 기문고'라는 뜻의 '현금(玄琴)' 아니었던가.

그녀의 거문고 연주 실력은 조선 후기까지도 명성이 끊이질 않았다. 앞서 말했듯이 허균의 『성옹지소록』에서는 "성품이 활달하여 남자와 같았으며 거문고를 잘 타고 노래를 잘 불렀다"고 평가했다. 황진이는 최고의 기생답게 시 창작은 물론이거니와 노래와 춤과 함께 악기 연주에 탁월했던 것이다.

드디어 황진이에게 자신의 기량을 뽐낼 만한 적절한 기회가 다가오고 있었다. 아무래도 자신이 태어나고 자란 근거지는 떠나기가 힘들고 그만큼 삶에 영향을 미친다고 볼 수 있다. 황진이는 20대 중반 이사종과 한양에서 살림을 차리고 이생과 금강산 유람을 했던 시기 외에는 특별히 개성을 떠났다고 할 수 없을 정도로 개성은 단지 태어난 고향이 아니라 그녀에게 삶의 뿌리였다. 그녀는 당당히 개성을 대표하는 기생이되었다. 자신을 스스로 '송도삼절'이라 내세우며 세상에 지명을 알림으로써 고향을 위해 큰일을 하기도 했다.

황제를 칭하였던 자주 국가 고려의 수도 개성은 전 세계 최고의 도시였다. 그녀가 다음과 같이 개성을 회고하는 시「송도」를 남긴 것도 우연은 아닐 것이다.

눈 내린 가운데 고려 왕조 형색이며	雪中前朝色
차디찬 종소리도 옛 나라의 소리로다.	寒鐘故國聲
남루에 홀로 올라 시름 속에 젖어 보니	南樓愁獨立
허물어진 성곽에선 저녁 연기 이는구나.	殘廓暮烟香

그녀만큼 개성을 사랑하고 깊이 이해하는 사람도 흔치 않을 듯하다. 그녀는 개성의 화려하고 장구한 역사를 생각하며 달빛도 종소리도 정겹고 남루와 성곽은 더욱 친근하게 느껴짐을 고백하고 있다. 개성은 조선 정부에서도 특별한 대우를 받는 유수부로서 황해도 관찰사의 지휘를 받지 않는 독자적인 지방의 형태를 유지했다. 비록 무상과 회한이 정형과 절제 속에 표현되었지만 개성 사람이라면 이 시가를 들으며 마음이 아프지 않을 수 없을 것이다.

다음의 시를 그녀가 노래했다는 것도 마찬가지다. 유몽인은 이 시조 "오백 년 도읍지를 필마로 돌아드니"만은 작품의 기상으로 볼 때 개성 사람들의 이야기와 달리 황진이의 작품이 아니라(『어우야담』)고 말했다. 유몽인의 말대로 이 시는 비장하여 여인네가 지을 수 없음에도 불구하고 황진이의 작품으로 와전될 정도이니 그녀에게 개성은 단순히 그리움이 일렁이는 고향이 아니라 자신의 삶의 전부이자 도달하고자 했던 꿈의 세계가 아닌가 한다.

오백 년 도읍지를 필마로 돌아드니
산천은 의구한데 인걸은 간 데 없네

두어라! 고국의 흥망을 물어본들 어쩌리.

　유몽인에 의하면 황진이가 어느 날 밤 개성에 있는 옛 군
사훈련장(활터) 근처에서 잠이 들었다고 한다. 달빛이 은은히
비치고 행인도 없이 고요했다. 순간 희미한 달빛 아래 백마를
탄 장군 하나가 말을 멈추고 머뭇거리면서 소매로 눈물을 닦
더니 위와 같이 노래를 부른 뒤 채찍을 휘두르며 어디론가 사
라졌다. 비로소 그가 사람이 아님을 알았다고 하는데 그 장군
은 폐허로 변한 개성의 찬란했던 과거를 회상하며 착잡한 심
정을 가누기 어려운 듯 이처럼 애조 띤 시를 읊고는 슬그머니
가버린 것이다.

　스승 서경덕이 개성 유수로 부임하는 사람들과 깊이 교
분을 나누었던 덕에 황진이가 쉽게 만날 수 있었던 남자가 개
성 유수인 송공(宋公)이다. 『송도기이』에서는 송공은 송렴이라
고도 하고 혹은 송순(1493~1582)이라고도 하는데 어느 말이
옳은지는 알 수 없다고 했다. 그러나 작가 김탁환은 자신의 소
설 『나, 황진이』(푸른역사, 2002)에서 이 송공을 1538~1542
년 개성 유수로 있던 송겸으로 보고, 서경덕의 제자로 들어간
황진이가 송겸을 만난 것도 이 시기라 했다.

『송도기이』에 의하면 송겸이 처음으로 부임해 왔을 때 마침 명절을 맞이하여 동료들이 관청에서 작은 술자리를 베풀었다. 이때 황진이가 그곳에 참여할 수 있었는데 태도가 정숙하고 나긋나긋 하였으며 행동거지가 여유롭고 우아했다. 송겸은 풍류를 좋아하는 사람으로 기생집에서 늙다시피 했기 때문에 황진이를 한 번 보고도 그녀가 범상치 않은 여자임을 알고 좌우를 돌아보며 말하기를 "이름을 헛되이 얻지 않았구나"라 하고 혼연히 정답게 대했다. 송겸의 첩도 관서지방에서 이름난 미인이었다. 문틈으로 황진이를 엿보고 말하기를 "과연 절색이구나. 나의 자리를 빼앗길지 모르겠다."라고 하며 문을 박차고 크게 소리를 지르면서 머리를 푼 채 맨발로 뛰쳐나오기를 여러 번 하였다. 여러 계집종들이 그녀를 잡고 끌어안았으나 그 기세를 멈추게 할 수는 없었다. 이에 송겸은 놀라 일어나고 좌객들이 다 물러갔다.

　이어지는 『송도기이』의 기록을 보면 다음과 같다. 송겸이 어머니를 위하여 회갑연을 베풀었는데 한양의 아리따운 기생과 노래하는 계집들이 다 초대되었다. 이웃 고을의 수령과 고관들이 함께 자리하였고 붉은 분칠을 한 여인들이 자리를 가득 메웠으며 비단옷을 입은 사람들이 무리를 이루었다. 황진이도 송겸과 전부터 알고 지내온 사이였으므로 회갑잔치에 또다시 불려왔다. 그러나 잔치에 초대된 황진이는 분칠을 하지 않고 담담한 차림으로 참석했는데 '천연스러운 모습'이 국색이라 할 만큼 그 광채가 사람들의 마음을 움직였다. 황진이가 저녁이 되도록 잔치 자리에 있으니 뭇 손님 가운데 칭찬하지 않는 이가 없었다. 그러나 송겸은 황진이를 의도적으로 보려 하지 않았다. 첩이 방 안에서 엿볼지도 모른다는 생각과 함께 예전의 변고가 두려웠기 때문이다.

술자리가 무르익자 계집종을 시켜 잔에 술을 가득 부어 황진이에게 마시기를 권하며 가까이 앉혀 놓고는 노래를 부르도록 했다. 황진이가 용모를 가다듬고 노래를 부르는데 소리가 그윽하고 청아하며 끊어질 듯 이어지면서 위로 하늘에 통하고 음의 높낮이가 맑고 순하여 보통 곡조와는 사뭇 달랐다. 송겸이 무릎을 치며 칭찬하여 이르기를 "천재로구나!"라고 깊이 감동하였다. 한편 악공 엄수는 나이 칠십으로 가야금 솜씨가 온 나라의 명수였고 또 음률도 잘 알고 있었다. 엄수는 처음으로 황진이를 보고 감탄하며 "선녀로구나!"라고 외쳤다. 그리고 노랫소리를 듣고 자기도 모르게 놀라 일어나며 말하기를 "이것은 동부(신선이 사는 곳)의 여운이로다. 세상에 어찌 이런 곡조가 있으리오?"라고 하였다. 깃털이 아름다운 공작새는 음성이 아름답지 못하다 하나 황진이는 그렇지 않았다.

위『송도기이』에 전하는 개성 유수 송겸과 황진이에 관한 두 가지 일화에서 확인할 수 있듯이 소리에 대한 관심과 더불어 뛰어난 음률 속에서 살아온 황진이로서 명창들과 만나는 것은 매우 자연스러운 일이다. 그런데 송겸이 처음 부임했을 때 환영 잔치에 참석하고 또 시일이 흐른 뒤 그의 어머니를 위한 회갑연에 간 바와 같이 거듭 송겸의 초대에 참석한 것을 보면 그녀의 송겸에 대한 신뢰가 어느 정도였는지 짐작할 수 있다. 만일 신의가 없는 사람이 불렀다면 그녀가 가지 않았을 것이요 청정한 기운과 강직한 심성을 지닌 송겸을 믿고 돕고자 하는 마음에 스스로 갔을 것이다.

다투어 화려한 복식에 짙은 화장으로 자색을 뽐내며 잔치에 참석했던 많은 여인들과 달리 수수한 옷차림에 화장도 하는 둥 마는 둥 자리에 나타났던 황진이의 대비는 놀랍기 그지없다. 더구나 황진이의 출중한 미모에 모두가 반하지 않을 수 없었다고 하는 것은 그녀의 타고난 자질이요 행운이며 자긍심을 부추기는 요소라 아니 할 수 없다. 황진이가 노래를 부르자 갑자기 좌중이 물을 끼얹은 듯 조용해졌을 정도로 그녀의 목소리는 기막히게 곱고 노래 솜씨 또한 형언하기 힘들만큼 빼어났다. 노래가 끝나자 악사와 악공들은 서로를 돌아보며 제각각 입을 모아 인간의 노래가 아닌 신의 소리라고 감탄했고, 송 유수를 비롯한 하객 모두가 한동안 넋이 나간 표정으로 멍하니 앉아 있다가 일시에 떠나갈 듯 환호하며 갈채를 보냈다.

그렇게 해서 혜성처럼 등장한 새로운 명기 황진이의 이름이 원근에 널리 퍼지기 시작했다고 한다. 특히 개성 유수 송겸과 악공 엄수가 배석한 회갑연의 무대는 황진이의 절창으로서의 명성을 얻는 계기가 되었다.

황진이는 학문에 깊이가 있었고 시에도 능력이 두드러졌으며 노래를 잘하는 등 두루 재능을 갖춘 여성이었다. 그러한 황진이는 많은 남성들 가운데서 특별히 소리 명창을 포함하여 음악에 안목이 있는 사람들을 좋아했다. 그녀 자신부터 어머니를 닮아 거문고 연주 솜씨가 뛰어났을 뿐만 아니라 그녀의 노래가 천상의 음성이요 선계의 곡조였다고 평가될 만큼 음악에 대한 조예가 깊었기 때문이다. 아름다운 음색과 독창적인 선율을 지닌 황진이가 좋아했던 명창 중의 한 사람이 바로 이언방(李彦邦)이다. 조선 명종(재위 1545~1567) 때의 명창이었던 그는 청아한 목소리를 지닌 황진이만큼이나 여자 목소리를 잘 냈다.

허균(1569~1618)이 전하는 말을 들어 보면 선비 이언방이 노래를 잘했는데, 가락이 맑고 빼어나서 다른 사람들이 감히 그 재주를 따를 수가 없었다. 일찍이 〈최득비녀자가(崔得翡女子歌)〉를 부르면 그 자리에 함께 있던 모든 사람들이 감동해서 눈물을 흘리며 울었다. 황진이가 평양에 놀러 가보니 교방의 기생이 거의 200명이나 되었는데 관찰사가 그녀들을 열을 지어 앉혀 놓았다. 잘하고 못함을 따지지 않고 행수기생으로부터 어린 동기에 이르기까지 한 사람씩 선창을 할 때마다 이언방이 화답하였다. 그 소리를 펴는 것이 모두 순조로우며 막히고 그침이 없었다(『성옹지소록』).

계속하여 허균의 말에 의하면, 황진이가 이언방이 노래를 잘한다는 소문을 듣고 어느 날 그 집을 찾아갔다. 자신이 뛰어난 소리꾼이었기 때문에 이름난 가객을 아끼고 사랑하는 것은 당연한 일이다. 황진이가 방문했을 때 마침 이언방은 옷을 풀어헤치고 미친 사람처럼 하고 있었는데 황진이는 사내의 비범함을 곧 알아차렸다. 절세의 미인이 불쑥 앞에 나타나자 수줍음을 잘 타는 이언방은 그만 본의 아니게 자신이 그의 아우인 양 행세하고 말았다. 개성 기생 황진이라는 말을 듣고 이언방은 엉겁결에 "형님은 지금 집에 안 계십니다. 그러나 제가 형님의 노래를 흉내는 낼 수 있소."라고 말을 한 뒤 한 곡조 목청껏 소리를 읊었다. 어쩌면 소리만으로 자신을 알아볼 만한 능력이 있는지 없는지 시험해보겠다는 의도에서 짐짓 자신의 정체를 숨겼는지도 모른다. 노래가 끝나자마자 황진이는 손을 잡으며 "저를 속이지 마시오. 세상에 어찌 이 같은 소리가 있겠소. 제가 태어나 처음 들어보는 아름다운 소리요. 당신이 바로 이언방 맞소. 제나라의 명창 진청(秦靑)인들 당신보다 낫겠소?"라고 말했다(『성옹지소록』).

　이언방은 소리로 살아가는 몇백 명의 기생들을 제압했을 정도로 매우 뛰어난 명창이다. 사람 만나기를 삼가며 자신의 길을 가던 이름난 소리꾼 이언방을 황진이가 만날 수 있었던 것이야말로 우연이 아니다. 황진이에게 지닌 음률에 대한 자부와 더불어 진정 전문가를 그리워하는 열망에 의해 간신히 이루어진 오랜만의 행복한 순간이었다.

황진이가 명종 시절에 이언방을 찾아가 만났다는 것은 특별히 중요한 의미를 지닌다. 그녀의 생존 시기를 헤아릴 수 있기 때문이다. 황진이가 이언방을 만난 시점은 명종 즉위년인 1545년에서 서경덕이 세상을 떠난 1546년 사이로 추정된다.

황진이는 자유와 풍류를 갈망했다. 그리고 자유와 풍류는 무엇보다 예술 방면으로 빛을 발했다. 그녀는 천부적인 연주, 청아한 소리, 독보적인 가무, 탁월한 문장 등으로 일생을 활기차게 살았다.

9
황진이, 인간세상 속에 묻히다

앞에서 나왔듯이 나주의 사또가 베푼 잔치에 관리들과 기생들로 가득했는데, 산에서 내려온 황진이는 해진 옷을 입고 때 묻은 얼굴로 앞자리에 앉아 (이를 잡으며) 태연자약하게 거문고를 타고 노래하면서도 부끄러워하는 기색이 없었다 (『성옹지소록』). 이것도 자신의 부족함을 숨기지 않으려는 자부와 소신의 발로이다. 실로 그녀는 인간의 삶에 있어 필수적 덕목이라 할 수 있는 성실함과 진지함이 현실에서 구현되기를 절실히 바랐던 인물이다. 인간 외적인 대상이나 조건들에 구속되기를 거부했던 그녀의 천부적 자질과 경험적 안목에 의해 그녀는 스스로 기생의 길을 찾았고, 자의식의 소산인 양

심과 윤리의 기초 위에서 자유롭게 자신의 생활을 가꾸어 나
간 개성적인 인물이었다. 그리고 그러한 독특한 기질과 체험
은 그대로 인생과 예술에 반영되었다.

일찍부터 황진이는 세상에 기인으로 인식될 만한 모습을
보였다. 이덕형의『송도기이』를 보면 그런 점을 알 수 있다. 이
덕형은 조선조 최연소(31세) 대제학으로 벼슬길에 올랐으며,
청백리로 이름을 날렸다. 이덕형은 1604년에 암행어사가 되
어 개성에 내려갔는데 난리를 거듭 겪으면서 관아가 없어져
남문 안에 있는 서리 진복의 집에 머물렀다. 진복은 황진이와
는 가까운 친척이었다. 진복의 아비는 늙은 아전으로 당시 나
이가 80여 세였는데 정신이 강건하여 항상 황진이의 일을 말
할 적마다 마치 어제 일과 같이 또렷이 말했다. 이덕형이 묻기
를 "황진이는 이술(異術)을 가졌습니까?"라고 하니 노인이 말
하기를 "이술은 가졌는지 모르겠습니다만 방 안에서 때로 이
상한 향기가 나서 며칠 동안 없어지지 않았습니다."라고 하였
다. 이덕형이 관청의 일이 다 끝나지 않아 며칠을 더 머무르면
서 노인에게서 황진이에 관한 전말을 자세히 들었으므로 그
대로 기록하여 기이한 이야기를 더 넓힌다고 했다. 황진이의
친척이라는 아전 이야기는『죽창야사』에도 나오는데, 죽창은

이덕형의 호이다. 진(陳) 씨 성을 지닌 황진이의 외가는 개성에서 터를 잡고 살던 아전 및 기생 집안이었음을 알 수 있다.

　황진이는 말년에 모든 세속적인 것을 떨쳐버리고 산천을 비롯하여 전국 방방곡곡을 둘러보며 차분한 마음으로 자신의 생애를 되돌아보았다. 그리고 그녀는 죽기 전에 남다른 유언을 해야 했다. 『성옹지소록』에 의하면 "황진이는 장차 죽음을 앞두고 집안 사람들에 명하기를 '삼가 곡을 하지 말고 장사 지낼 때에는 북치고 노래 부르면서 상여를 인도하라'라고 했다. 지금까지도 노래하는 사람들은 황진이가 지은 곡을 부르고 있으니 또한 기인이라 할 것이다."라고 하였다. 어느 날 아내가 죽자 물동이를 두드리며 노래를 부르고 있던 장자(BC 369~BC 289)에게 친구인 혜시(BC 370?~BC 309?)가 그 이유를 묻자, 장자는 "나의 아내는 본래 삶도 형체도 없었고 그림자조차 없었지 않은가?"라고 했다. 삶과 죽음에 대한 장자의 초탈과 달관을 연상케 한다. 인간이 이보다 더 죽음에 의연하기도 힘들 것이다. 황진이의 호탕한 기질과 대범한 성격을 다시 확인할 수 있는 대목이다.

　한 시대 한 세상을 풍미했던 황진이의 삶이 막을 내려야 할 순간이 다가올 때 아쉬움도 많고 슬픔도 컸을 것 같은데,

죽음 앞에서도 그녀는 남다른 데가 있었다. 그녀는 화려하고
도 기구한 인생살이를 끝냄에 원망과 회한도 없이 침착하게
죽음을 맞았다. 역시 호방한 기상과 달관의 태도가 있었기에
가능했다. 황진이는 끝까지 기생의 이름을 버리려 애쓰지 않
고 인간 본연의 자세로 돌아가는 자존감을 보였다.

『어우야담』에서는 다음과 같이 기록하고 있다. "황진이가
병들어 죽게 되었을 때 집안 사람들에게 말하기를 '내가 살면
서 성품이 분방하고 화려한 것을 좋아했소. 죽은 뒤에도 나를
깊은 산골짜기에 장사 지내지 말고 큰길 가에 묻어주오.'라고
하였다. 그래서 지금 개성의 큰길 가에는 황진이의 무덤이 있
다." 산이 아닌 길가에 묻어 달라는 말은 예사롭지 않다. 사람
들 사이에서 분주하게 살다 다시 사람들 사이로 가겠다고 하
는 내용은 의미하는 바가 크다.

죽어서 속세를 떠나서 영원한 우주 속으로 가겠다는 것
과는 사뭇 다른 방향이다. 죽음이 삶의 연장선에 있는 것이
요, 다시 말해 죽음이 현실로 다시 이어지는 유교적 사생관이
라 하겠다. 그녀의 삶과 사유는 철저하게 유교적이었다고 할
수 있으며, 비록 이루어지기 힘들지라도 그녀는 아름다운 인
간 세상을 염원했다. 통곡 대신 음악으로 죽음을 인도해달라

는 유언처럼 그녀의 죽음은 세상과 이별이 아니라 세상 속으로 들어가 사람들과 어울리는 삶의 모습을 보이고 있다.

『숭양기구전』에서는 황진이가 죽게 되었을 때 그 집안 사람들에게 부탁하기를 "나로 인하여 천하의 남자들이 스스로를 아끼지 못하고 여기에까지 이르렀다. 내가 죽거든 천금(이불)으로 싸지도, 관을 사용하지도 말고 시신을 동문 밖 모래와 물이 만나는 곳에 버려라. 그리하여 땅강아지, 개미, 여우, 살쾡이들이 내 살을 파먹게 하여 천하의 여자들로 하여금 나로서 경계를 삼게 하라."고 했다고 한다. 그리고 사람들이 그녀의 유언대로 대로변에 대충 묻었는데, 한 남자가 그녀의 시신을 거두어 다시 묻어주었다고 하며, 현재 북한 지역의 장단(長湍) 입구 우물재(井峴) 남쪽에 황진이의 무덤이 있다고 기록하고 있다. 그러나 많은 시인 묵객들이 황진이의 묘가 있다는 장단 근처에 가서 그녀의 무덤을 찾으려 했으나 끝내 찾지 못하고 돌아왔다.

무덤의 봉분도 만들지 말고 사람의 왕래가 잦은 길가에 묻어 자신을 밟고 지나가도록 유언했다는 이야기야말로 지독한 자존심의 발로가 아닐 수 없다. 좋은 곳을 가려가며 죽음 이후를 평안하게 지내고 싶은 게 인지상정이다. 치열하게 살아온 자신의 소중한 삶을 헌신짝 버리듯 던져버리면서 '자신과 같은 길을 가는 사람이 없기를 바란다'는 것은 평범한 말이 아니다. 탈속의 순수지향의 인생을 살아온 맑은 영혼들에게나 있을 수 있는 일이라 할 것이다. 적어도 속죄하려는 마음을 지닌 인간의 원초적인 부끄러움과 괴로움의 소산으로 읽히는 대목이다. 지금까지 우리가 황진이를 유달리 좋아하며 거론할 수 있는 가장 중요한 이유 가운데 하나는 그녀가 지닌 이런 고결한 정신 때문이라 하겠다.

황진이가 평생을 그 누구보다 교만하고 화려하게 산 것 같지만 그녀는 사실 겸손과 정직을 소중히 여기며 실제로 그렇게 살았다고 볼 수 있다. 혁신적 사고로 세상의 불의와 맞서면서도 자아성찰이라는 인간미를 가장 잘 실천해 보였다는 점에서 더욱 그러하다. 그녀는 왜곡된 인간 질서에 비난을 가하면서도 자아부정의 철저한 탐색을 통해 아름다운 인간세계의 도래를 꿈꿔왔다.

실의에 빠져 지내던 말년의 황진이는 마침내 1560년 무렵 30대에 병이 들어 세상을 떠나게 되었다. 물론 인생이 무르익을 나이인 40세 이전에 죽었으니 그녀의 생애는 짧았다고 볼 수 있다. 그러나 그녀의 이른 죽음은 진정 자신을 위해 다행스런 일이다. '좋을 때 물러나야 한다'고 하듯이 그녀의 자부심의 근원이기도 했던 역동과 순수의 젊음이 가시자마자 죽었기 때문이다. 늙고 추한 꼴을 보이는 것은 그녀의 고고한 자존감이 용납할 수 없다. 그녀의 죽음은 스스로 선택한 죽음이요 자신이 원했던 죽음이라 할 수 있다. 그토록 원하던 자유를 비로소 찾은 것이요, 자유를 찾아 다시 세상 속으로 갔다. 아름다운 세상을 염원하면서.

2011년 북한 중앙TV는 북한에서 복원했다는 황진이의 무덤이 개성시 선정리에 있다고 홍보는 하고 있는데 가묘일 가능성이 크다. 황진이는 그렇게 홀연히 사라졌지만 지금껏 생생하게 살아남아 우리들의 마음을 사로잡고 있으며 오늘도 어디선가 기림을 받고 있을 것임이 분명하다.

천재 시인 백호 임제(1549~1587)는 평소에 황진이를 만나고 싶어 했던 호쾌한 남성이었다. 그러나 기회가 없어 일찍이 개성에 가보지 못하고 있다가 세월이 흐른 후 겨우 기회를 얻어 찾아갔는데 황진이는 이미 타계하고 없었다. 황진이를 동경하던 임제는 개성 근처의 장단에 있는 황진이의 무덤을 찾아 그녀의 부재를 슬퍼하며 다음과 같이 시 한 수를 읊었다.

청초 우거진 골에 자느냐 누웠느냐
홍안을 어데 두고 백골만 묻혔는가
잔 잡고 권할 이 없으니 그를 설워하노라

『어우야담』에서는 "자순 임제가 평안도사가 되어 송도
를 지나다가 글을 짓고 황진이의 묘에 제사를 지냈는데 마침
내 조정의 비난을 입게 되었다."고 적고 있다. 임제는 평양으
로 가는 길에 개성을 통과하면서 기생의 무덤을 찾아가 시조
한 수 지어가며 제사지내는 바람에 임지에 도착도 하기 전에
관직에서 쫓겨나고 말았다. 파직까지 당한 걸 보면 황진이보
다 30세쯤 연하일 임백호는 참으로 그녀의 인간상을 사랑했
던 것 같다. 임제는 자신의 신변을 도모하지 않고 순수한 마음
으로 예의를 표했을 것이다. 39세에 죽은 임제는 자식들에게
"제왕이라 일컫지도 못하는 못난 나라에서 태어나 죽는데 슬
퍼할 까닭이 없다. 내가 죽거든 곡을 하지 말라."는 유언을 남
겼다고 한다. 마치 황진이의 유언을 떠올리게 되며, 진실로 황
진이를 알아본 임제의 추모가 그녀에게 위로가 되었을 것이
라 믿고 싶다.

황진이는 죽어서 수많은 사대부 남성들로 하여금 애도하

게 하였고, 지금까지도 뜻있는 사람들의 가슴을 애잔하게 하고 있다.

10
황진이, 중국의 설도와 비견되다

홍만종(1643~1725)은 "옛날 재주 있고 시에 능한 기생으로 설도·취요 같은 무리가 상당히 많았다. 근자에 개성의 황진이와 부안의 계생은 그 글이 문사들과 겨룰 만하다."(『소화시평』)고 했다. 이능화도 "기생으로 조선조에 들어와서는 황진이·복개·난향·계생 등의 시가 맑고 뛰어나서 설도·홍불에게 별로 뒤지지 않을 정도다."(『조선해어화사』)라고 했다.

조선에 황진이가 있다면 당에는 설도(薛濤, 770~832)가 있었다고 할 만하다. 시대와 국가를 넘어 두 여성은 너무나도 닮아 있다. 그녀들은 기생이었고 활달했으며 최고의 시인으로서 지금까지도 사랑받는 많은 시들을 남기고 있다. 여기서는 황진이의 한시(8편)와 설도의 한시(91편)에 나타나는 세계 인식을 인간과 자연을 대하는 태도로 견주어본다.

황진이의 인간관은 근원적이다

황진이가 허리에『대학』을 끼고 서경덕을 찾아가 가르침을 요구했듯이 그녀가 얼마나 지적인 욕구가 강렬했는지 짐작할 수 있다. 인간의 본질에 대해 관심이 많던 황진이는 인간의 부정적 상황에 민감할 수밖에 없었다. 인간의 모순에 맞서 발로되는 갈등이 적잖이 암시되고 있는 것도 이 때문이다. 황진이가 임과 이별하며 읊은 아래의 시에서도 애상적인 태도보다는 삶의 진정성을 촉구하는 의도가 포착된다. 「김경원과 헤어지다(別金慶元)」라는 시를 보자.

삼세의 굳은 인연 좋은 짝을 이루니	三世金緣成燕尾
이 중에서 생사는 두 마음만 알리로다.	此中生死兩心知
양주의 꽃다운 약속 내 아니 어기려니와	楊州芳約吾無負
두려운 건 돌아왔을 때 두목지처럼 됨이라.	恐子還如杜牧之

인연, 마음, 약속 등은 지속적으로 가꾸어나가야 할 덕목이다. 황진이가 '삼세의 인연'이라고 할 만큼 좋아했던 사람이 얼마나 되었을까. 황진이가 김경원(1528~?)을 당의 두목(803~852)과 견준 것은 김경원도 그와 같이 시에 재주가 있고 외모가 수려했기 때문일 것이다. 김경원이야말로 황진이가 함께 살고 싶어 했던 첫 남자이자 마지막 남자가 아니었나 말하기도 한다. 그런 임을 떠나보내면서 불안해하는 것은 당연하다. 하지만 크게 초조해하지 않는 것은 믿음이 있기 때문이다. 또한 소신이 있기에 황진이는 영원히 약속을 지킬 것이다. 애정을 모티브로 "꽃다운 약속" 같은 신뢰의 의의를 드높이고자 했던 황진이의 윤리관을 읽어 낼 수 있다. 앞서 나왔듯이 황진이라도 자기 마음을 움직일 수 없다고 큰소리치던 소세양이 그녀가 읊은 다음과 같은 이별 시를 듣고 무릎 꿇고 매달렸던 그 작품을 다시 보자.

달빛 어린 뜨락에 오동잎 다 지고	月下庭梧盡
서리 맞은 들국화는 노랗게 물들었네.	霜中野菊黃
누대는 높아 한 자만 더 오르면 하늘인데	樓高天一尺
사람은 취해서 천 잔의 술을 마셨네.	人醉酒千觴
물소리는 거문고에 차갑게 스며들고	流水和琴冷

매화의 높은 향기 피리 소리에 휘감기네.	梅花入笛香
내일 아침 우리 서로 헤어진 뒤에는	明朝相別後
사무치는 정 푸른 물결처럼 끝이 없으리.	情與碧波長

끝줄에 "사무치는 정 푸른 물결처럼 끝이 없으리"라고
는 했지만 이별 후 예상되는 슬픔이나 아픔이 그다지 느껴지
지 않는다. 오히려 감정의 방출보다 절제의 미덕을 촉구하는
황진이의 지적 태도에 공감하게 된다. '달빛', '서리', '누대',
'매화', '정' 등이 시사하듯이 진지한 인간관계를 염원하는 열
정이 부각된다. 그녀가 '인간도 물과 같아서 가고 아니 온다'
고 개탄한 것도 예외는 아니다. 삶의 방향성을 찾고 인간의 현
실을 성찰하는 노력은 끊임없었다. 이별의 시에 자연만 존재
할 뿐 인물이 등장하지도 않고, 열렬한 구애의 노력도 찾아보
기 어렵다. 이렇듯 그녀의 작품들에서 남녀의 사랑을 넘어 올
바른 인간상을 추구하는 의도를 어렵지 않게 간파할 수 있다.
「그리운 꿈(相思夢)」이라는 시 하나를 더 살펴보도록 하자.

그리움과 만남이 다만 꿈길뿐이니	相思相見只憑夢
내 임을 찾아갈 때 임도 날 찾는다오.	儂訪歡時歡訪儂
바라건대 언젠가 다른 밤 꿈속에선	願使遙遙他夜夢

한때에 길을 떠나 도중에서 만나요.　　　　一時同作路中逢

　　위 시는 황진이의 작품 가운데 가장 잘 알려진 것이다. 이 시를 두고 김억(1895~?)이 번역하고, 김성태(1910~2012)가 작곡한 가곡 〈꿈길〉은 전 국민이 즐겨 부른 바 있다. 영화 〈황진이〉(2007)에서도 이 시가 인용되어 시청자들 가슴을 애절하게 만들었다. 현실에서 이루어지지 않는 사랑은 꿈으로 성사시킬 수밖에 없다. 황진이는 임과의 재회를 자신하고 있다. 이에 애타는 초조함이나 조바심보다 만난 후의 기쁨이 더 짙게 느껴진다. 특히 회문체 형식의 시적 표현에서 볼 수 있듯이 만남에 대한 자기(儂) 확신으로부터 임(歡)도 만남의 장으로 이끌어내는 점은 의미하는 바가 크다. 상호 간의 만남이 이루어질 수 있다는 믿음은 현실 전환의 가능성을 증폭시킨다. 더구나 '만남'의 목표를 향해 나아가는 결구의 인간적 화합의 덕목은 매우 설득적이다.

설도의 인간관은 사회적이다

　　성적 계급적 사각지대에 있는 기생들은 글로 자신들의

탄식을 담아냈으나 설도는 소외와 슬픔의 정한 의식에 갇히지 않았다. 설도가 체험한 관료들과의 교류와 젊은 시절의 유배사건은 나라와 백성에 대한 관심으로 이어졌다. 설도는 20세에 자신을 총애하던 위고(746~806)에게 벌을 받아 쓰촨성 송주로 귀양 갔고, 배소에서 깊이 반성하면서 세상의 냉정함을 깨닫게 되었다. 설도는 역사적 인물을 들어 자신의 정치적 관심을 표출하고 위인을 통해 우국애민의 정신을 잘 드러냈다. 다음 「역적이 평정된 후 고 상공께 올리다(賊平後上高相公)」라는 시를 살펴보자.

놀라서 천지를 쳐다보니 암담했는데	驚看天地白荒荒
언뜻 청산에 옛 석양이 보이네.	瞥見靑山舊夕陽
비로소 큰 위세가 비출 수 있다고 믿노니	始信大威能照映
본디 해와 달 덕택으로 빛을 내네.	由來日月借生光

　유벽의 반란을 평정하고 부임한 고숭문(746~809)에게 설도가 바친 시이다. 설도는 고숭문의 업적을 세상의 어둠을 밝히는 일월에 비유하였다. 이미 16세의 설도를 기적에 넣어 주었던 위고는 치적이 탁월하여 제갈량(181~234)의 후예 소리를 들었고 유능한 관료들이 주위에 몰려들었다. 설도는 그

들의 공과를 보고 들으며 정치적 안목을 확대해 갔을 것이다. 또한 설도는 촉을 다스렸던 무원형(758~815)*과 관련된 시에서도 국가에 대한 남다른 소회를 풀어낼 수 있었다. 설도는 외침으로 국토가 유린되고 백성이 고통받는 상황을 예의 주시했다. 국경이 조속히 안정되기를 바라는 그녀의 마음이 「변경을 수비하는 망루(籌邊樓)」에 잘 나타나 있다.

구름 속의 새와 나란히 대하는 여덟 창의 가을	平臨雲鳥八窗秋
서천 사십 주를 씩씩하게 누르고 있네.	壯壓西川四十州
여러 장군들은 강족의 말일랑은 탐내지 말길	諸將莫貪羌族馬
가장 높은 층에서 변방 끝이 보이네.	最高層處見邊頭

823년 절도사로 부임했던 두원영(769~832)의 실정의 틈을 타서 남조가 침략해 성도는 불에 타고 수천 명이 포로로 붙잡히는 참사가 일어났다. 그다음 해 이덕유(787~849)가 부임하여 전쟁의 참화를 수습할 수 있었다. 주변루는 이덕유가 티베트의 동향을 살피기 위해 세운 망루이다. 1~2구에서는 사

---

*   무원형은 연회를 베풀 때마다 38세나 된 설도를 불렀고 설도는 성도를 떠나기까지 7년 동안 그를 모시면서 자신의 재능을 인정해 주는 무원형을 사랑했다.

방으로 나 있는 창과 높이 솟은 망루를 통해 절도사의 위엄을 보여주고, 3~4구에서는 장군들이 강족의 말을 탐했기에 전쟁이 일어나고 적들을 막아내지 못해 혼란에 빠졌음을 환기했다. 분별없어 국난을 초래하고 능력조차 미비해 국토가 유린당한 역사를 회상하는 설도의 충정이 잘 드러나 있다. 「무산사당을 방문하다(謁巫山廟)」라는 시를 살펴보자.

어지러운 원숭이 울음소리 속에 무산사당 찾으니　亂猿啼處訪高唐
길이 우거진 숲으로 접어들자 초목이 향기롭네.　路入煙霞草木香
산의 빛깔은 아직도 송옥을 잊지 못하고　山色未能忘宋玉
물소리는 여전히 양왕을 위해 울고 있네.　水聲猶是哭襄王
아침저녁마다 양대 아래에서　朝朝夜夜陽臺下
운우지정 나누다 초나라는 망했네.　爲雨爲雲楚國亡
슬프도다! 사당 앞 많은 버들잎은　惆悵廟前多少柳
봄이 오면 헛되이 눈썹 길이 다투고 있네.　春來空鬪畫眉長

쓰촨성 무산의 신녀봉에는 초나라 회왕이 세웠다는 무산사당이 있다. 무산사당을 찾게 된 설도는 이 사당에 얽힌 고사를 떠올렸다. 초나라 송옥(BC 290?~BC 222?)이 지은 「고당부」에 따르면 무산 남쪽의 높은 석산에 신녀(선녀)가 사는데 아침에는 오색구름이 되고 저녁에는 비가 된다. 회왕이 꿈속에서 선녀를 만나 '운우지정'을 느끼고 잠에서 깨어나 그 선녀를 그리워하며 사당을 세웠다는 것이다. 설도는 회왕이 여인의 아름다움에 반하여 국사를 망쳤던 점을 회고함으로써 자신의 사회의식을 적절히 표출했다. 미인의 눈썹을 상징하는 버들잎을 통해 여색에 빠져 국정을 도외시했던 군주들을 부각시키는 설도의 재치 역시 돋보인다.

황진이의 자연관은 유교적이다

출중한 미모와 탁월한 재능을 갖춘 황진이를 향한 세간의 선망은 그녀로 하여금 들뜨게 했을 것이며, 한편 그녀는 인간으로서의 한계를 머금은 자신을 성찰하며 갈등하기도 했다. 그리고 그녀는 자신의 기질과 예지에 따라 인간에 대한 애정과 실망을 한 몸으로 받아내야 했다. 경치나 자연을 읊은 작품에서조차 인간현실을 크게 벗어나지 못하는 황진이의 입장에 주목하게 되는 것도 같은 맥락으로 이해할 수 있다. 먼저 「박연폭포(朴淵)」라는 시를 통해 그녀의 유교적 자연관을 확인할 수 있다.

한 줄기 긴 시내가 골짜기에서 뿜어나와	一派長川噴壑礱
못으로 모이는 백 길 물소리 우렁차네.	龍湫百仞水潨潨
나는 듯 거꾸로 솟아 은하수 같고	飛泉倒瀉疑銀漢
성난 폭포 가로 드리우니 흰 무지개 완연하네.	怒瀑橫垂宛白虹
어지러운 물방울이 골짜기에 가득하니	雹亂霆馳彌洞府
구슬과 옥을 부수듯 맑게 갠 하늘에 치솟네.	珠舂玉碎澈晴空
나그네여 여산이 뛰어나다 말하지 말라	遊人莫道廬山勝
천마산이 해동에서 으뜸임을 알아야 하네.	須識天磨冠海東

황진이는 마음이 답답할 때면 개성의 상징인 천마산 박연폭포를 찾아갔다. 위 시는 예리한 통찰력과 감각적 표현이 돋보이는 절창이다. 이와 같은 사실적 묘사는 박연폭포의 장엄한 실경과 함께 그녀의 호탕한 기운을 느끼게 한다. 특히 다양한 수사법을 동원하고 폭포를 통해 자존감을 드러내고자 하는 데서는 황진이의 도량과 기상을 떠올릴 수 있다. 『논어』(옹야편)에서 언급되는 "지혜로운 자가 좋아하는 물과 어진 자가 좋아하는 산"의 위용이 확연히 다가온다. 아울러 흘러가 버리고 마는 물이 아닌 '변함없는 산'을 칭송했던 황진이의 태도를 유교적 입장으로 이해하는 것은 무리가 없다. '폭포'가 단순히 미적 감탄의 대상이 아닌 한계적 인간 초월의 이미지로 다가

오는 것도 당연하다. 황진이는 다음과 같은 작품에서도 자연을 대상으로 미래지향의 의지를 표출했다. 「작은 잣나무 배(小柏舟)」라는 시를 보자.

저 물결 한가운데 뜬 조그만 잣나무 배　　　汎彼中流小柏舟
몇 해나 저 푸른 물결 위에 한가로이 매였나.　幾年閑繫碧波頭
누가 먼저 건넜는지 뒷사람들이 묻는다면　　後人若問誰先渡
문무를 모두 갖춘 만호의 후작이라 하리라.　文武兼全萬戶侯

　황진이는 자신을 작은 나무배에 비유하고 있다. '고요히 매여있는 배'는 소탈하고 청정한 황진이의 삶을 잘 드러낸다. 자연 속의 한가로움은 인간적 초조감과 달리 무욕적 심성을 내포한다. 문무를 갖춘 풍류적 인물만이 배를 타고 강을 건널 수 있다. 유교적 성격의 자연은 삶의 지혜를 배우는 곳이자 심신수양의 장소가 된다. 자연에 다가가는 배는 머지않아 환희를 구가할 것이요 새롭게 변모된 임과 동행하려는 황진이의 의지적 태도가 선하다. 앞에서 언급된 소세양과 이별하는 시에서도 담담하게 미래를 준비하는 의지를 소홀히 할 수 없었다. 황진이는 「영반월」 「만월대회고」 등 자연을 소재로 하거나 경치를 읊은 작품에서도 인간적 현실을 떠나지 못했다. 오언

절구「반달을 노래함(詠半月)」이라는 시를 보자.

누가 곤륜산의 옥을 끊어내어 　　　　　誰斷崑山玉

직녀의 빗을 만들어주었나. 　　　　　　裁成織女梳

견우와 헤어진 뒤에 　　　　　　　　　牽牛離別後

시름 속 푸른 허공에 던져두었네. 　　　愁擲碧空虛

　　황진이는 자신을 천상의 존재로 높이는 가운데, 기명을
'명월'이라고 했듯이 늘 자신을 달에 빗대어왔다. 그러나 견우
와 떨어져 만나고 싶어 하는 안타까운 그녀의 마음을 쉽게 읽
을 수 있다. 다만 까막까치가 다리를 만들어 만남을 성사시키
듯 자신의 행위에 따라 상황을 변화시킬 수 있음을 은근히 암
시한다. 인간은 근원적으로 허공에 던져진 외로운 존재이다.
그러한 인식 위에서 남과 여, 자아와 타자가 최선을 다해 직분
을 수행해야 하는 설화적 교훈을 황진이는 음미했을 것이다.
공자의 정명 사상이 떠오르기라도 했거나 전통적 기다림의
인고가 그리웠을지도 모른다. 변화의 반복 속에서 인간의 성
숙을 기대하는 황진이의 속뜻이 전달된다. 이처럼 자연에 깃
든 즐거움보다도 삶의 진정성을 복원하고자 하는 태도와 함
께 자연의 속성을 통해 인간적 소망을 이루고자 하는 유교적

관점이 그녀의 작품을 지배한다.

설도의 자연관은 도교적이다

설도는 관권의 탄압에 의해 추방되었으며, 변방에서 그녀가 겪은 고통은 상상할 수조차 없다. 돌아온 그녀는 인간의 행복이 자유에 있음을 깨닫고 기생 신분을 벗어나 자연에 다가갔다. 게다가 타고난 신선적 기질로부터 자연은 기꺼이 즐거움의 대상이 되었고 그녀는 여도사로서 관복을 입고 만년에는 쓰촨성 완화계에 머물렀다. 그녀는 많은 작품에서 속박과 거리가 먼 자연에 귀착하고 싶은 소망을 그려내고 있다. 설도의 영물시를 보면 그녀가 유난히 꽃을 좋아하고 붉은색을 좋아했음을 알 수 있다. 그녀가 지은 「해당화 계곡(海棠溪)」이라는 시를 보자.

봄은 풍경으로 신선 노을에 머물게 하는데	春教風景駐仙霞
수면의 물고기 몸은 온통 꽃을 둘렀네.	水面魚身總帶花
세상은 신령스런 꽃 기이함을 생각지 않는데	人世不思靈丹異
다투어 붉은 비단으로 얇은 모래땅 물들이네.	競將紅纈染輕沙

신이 계곡에 노을을 풀어놓았다고 여길 만큼 '꽃 중의 신선'이라 불려온 해당화가 붉게 핀 계곡의 봄을 생생하게 보여주는 시다. 1구에서 계곡 전체 풍경을 스케치한 다음, 2구에서 떨어진 꽃잎, 헤엄치는 물고기 등을 표현함으로써 풍요를 드러내고 4구에서는 백성들이 비단 짜는 모습을 자연스럽게 제시했다. 위 시는 설도의 작품 가운데서도 자연미를 잘 그려냈다. 설도의 자연관을 보면 자연이 현실도피의 수단이기보다 진정으로 사랑하는 대상임을 알 수 있다. 그녀가 표현하는 경치와 사물의 색깔이 매우 밝고 묘사의 방법이 활기찬 것도 그와 무관하지 않다. 설도는 「연밥 따는 배(採蓮舟)」라는 시도 지었는데, 고요한 가을 계곡의 풍경을 생동감 있게 묘사하였다.

불어오는 바람이 연꽃을 잠재우고	風前一葉壓荷蕖
가을이 되면 또 고기를 잡을 수 있네.	解報新秋又得魚
시간은 흐르고 흘러 인적마저 그치고	兎走烏馳人語靜
붉게 단풍 든 계곡엔 노 젓는 소리 가득하네.	滿溪紅袂棹歌初

위 시의 1~2구에서는 꽃을 압도할 만큼 고기가 뛰노는 장면을 연출한다. 3구의 달에 사는 토끼와 해에 사는 까마귀는 시간의 변화를 나타내고 4구는 붉은 계곡을 소매로 의인화

시켜 역동성을 제고한다. 고기가 뛰노는 풍요와 말소리가 그친 고요가 대조를 이루며 그 가운데를 한 척의 배가 오가는 장면은 한 폭의 산수화를 연상케 한다. 인공과 욕심이 끼어들 여지가 없는 무위자연일 뿐이다. 그녀의 시를 보노라면 분명 읽는 시가 아닌 관조하는 시임을 느낄 만큼 도교적 자연의 이미지가 돋보인다. 강렬한 자연은 자신의 꿈에 다가갈 수 있는 안락의 공간이다. 설도는 기생의 삶을 청산하고 도사가 되어 새로 직접 지은 도복을 입고 선계를 유람하는 기쁨을 노래하기도 했다. 끝으로 설도가 지닌 순수자연에 대한 도교적 지향과 함께 신선의 경지에서 편안하게 경치를 조망하는 「곡석산 서사(斛石山書事)」라는 시를 살펴보도록 하자.

왕씨 집안의 산수 그림 속에는	王家山水畫圖中
정취가 온통 흰 가루와 검은 먹으로 꾸며졌네.	意思都盧粉墨容
오늘 문득 큰 언덕 경계에 올라 바라보니	今日忽登虛境望
머리장식에 비취보석을 붙인 일천봉이네.	步搖冠翠一千峯

위 시는 화첩으로만 보던 산을 설도가 실제로 목격하고 지은 것이다. 송의 설화집 『태평광기』에서는 서촉의 유명한 화가 왕재를 일컬어 "산수와 나무와 돌을 그렸는데 형상 밖으

로 벗어났다."고 하였다. 왕재의 그림이 세속적 현실을 벗어나 고상한 아름다움이 있음을 전하는 것이다. 제목 '서사'가 말해주듯 왕재는 자연을 있는 그대로 그리려 했을 것이요, 흰 가루, 검은 먹, 큰 언덕, 머리장식, 비취보석, 일천봉 등은 시인의 의도를 잘 살리고 있다. 설도가 왕재의 산수화를 각별히 좋아하는 이유는 그녀의 도교사상에서 비롯된 것이다. 3~4구와 같이 설도는 직접 곡석산에 올라 사심 없이 자연을 바라보며 허경의 자유로운 분위기를 만끽하였다.

황진이와 설도는 기생이면서도 시인으로서의 자존감과 폭넓은 세계인식을 드러냈다. 두 사람은 성장과정 및 취향 등으로 인간에 대해 '근원적 윤리문제'와 '사회적 현실문제'라는 세계인식에서 약간의 차이를 보였다. 황진이에게서는 인간 자체의 모순에 대해 문제 삼는 사고가 돋보이는데, 이는 풍류정신과 윤리의식에 따른 것이다. 설도에게서는 국가에 대한 관심이 집요하게 드러나는데, 이는 관료집안, 유배생활 등과 무관하지 않을 것이다.

황진이는 자연을 지혜를 얻기 위한 수단으로 인식하고 거기에 도달하고자 노력한 데 비해 설도는 자연 자체를 사랑하는 기질 때문에 능동적으로 자연에 다가갔다. 이같이 황진이의 자연관에는 윤리적 가치를 소망하는 유교적 심성이 강하게 나타나는 반면 설도의 자연관에는 물아일체의 안락을 만끽하는 도교적 이미지가 잘 드러난다.

양국을 대표할 만한 두 기생시인의 비교로 나타난 인식적 차이는 한중의 여성문화 및 한중 문화전반의 이해로 나갈 수 있는 확장성을 갖는다는 점에 의의를 둔다.

에필로그

우리 여성사에서 황진이만큼 대중적으로 많이 알려져 있으면서도 정보가 부족한 인물도 드물 것이다. 그러다 보니 기생 황진이에 대한 호감과 더불어 많은 입담들을 늘어놓지만 거기서 그치는 경향이 있어 안타깝다. 황진이의 실상을 제대로 이해하지 못한 채 관심과 애정만으로 돌아서는 것은 한국의 역사와 문화에 대한 진정한 예의가 아니다.

황진이의 일생은 그녀의 올올한 개성으로 인해 잘 짜인 한 편의 드라마와 같다. 역동적인 만큼 재미도 있지만 의미 또한 심오하여 감동을 주기에 충분하다. 그녀는 풍부하게 다양한 삶을 살았고 깊이 있는 철학 속에 인생을 짧게 마감하였다.

그녀에겐 열정과 감성이 뜨거웠지만 냉정할 정도로 진지함이
버티고 있었다.

무엇보다 황진이는 세상의 편견이나 관습에 휩쓸리지 않
고 시공간을 관통하여 주체적인 삶을 동경하고 실천하고자
노력했다. 어느 시대에나 있었던 권력과 재물 등의 힘에 기대
거나 굴복하지 않았고, 그녀의 자존감 앞에 천하의 남자들이
오금을 못 펴고 농락을 당할 만큼 남성 우위의 사회적 분위기
에 개의치 않았다. 그녀는 정해진 제도와 관행을 거부하고 주
도적으로 자기의 삶을 가꾸어 나간 선구적인 여성이었다.

그녀는 스스로 기생의 길을 선택했고, 자발적으로 지적
이고 정직한 남성을 만나 사귀었다. 그리고 평생을 기생으로
살면서도 윤리적 가치를 귀하게 여기며 유학자로 살려 했다.
모든 것이 주체적 태도와 무관하지 않다. 한양으로 떠나고자
하는 뭇 사람들과 달리 개성을 떠나지 않고 당당하게 박연폭
포와 서경덕에 자신을 포함시켜 '송도삼절'이라 자칭했던 것
도 주체적 자존심의 발로라 하겠다. 그녀는 봉건적 질서를 상
징하는 왕족으로서의 벽계수의 권위, 여성 차별을 당연한 것
인 양 호언하던 소세양의 허세를 꺾을 수 있었다. 때로는 자

신의 방종을 문제 삼고 '보내고 나서 그리워 견디기 힘들다'고 솔직히 후회하고 반성도 해야 했다. 여성이고 기생이지만 전혀 기죽지 않고 세상 남자들을 마음대로 비판할 수 있는가 하면, 끊임없이 스스로 자아를 되돌아보는 지성을 잃지 않았던 주체적인 황진이였기에 가능했다.

그녀는 결코 허울뿐인 얼굴 기생으로서 남자들과 난잡하게 교류하지 아니하였으며 오히려 지식과 예능과 풍류로서 시대를 압도했던 여성이었다. 타고난 외모에 시재가 뛰어나고 명창이었으므로 당대는 물론 후대에까지 학자 문인뿐만 아니라 남성들이라면 누구나 그녀를 흠모하고 그리워했다. 더구나 그녀의 인성과 품위가 더해져 명성이 조선을 떠들썩하게 할 만큼 황진이는 여성이자 기생으로서의 주체적 면모를 확실히 드러냈다.

이 주체적인 행동을 가능하게 했던 것은 그녀가 타고난 개방적인 의식과 진취적인 사고였다. 황진이에게는 천부적으로 속박과 억압이 따르는 현실에 안주하기에는 부적합한 호방한 기질이 있었다. 더구나 타고난 자질에 머무르지 않는 끊임없는 사고의 확장과 경험의 축적은 그녀를 더욱 큰 인물로 만들었다. 구체적으로 그녀에게서 발견되는 강점이자 매력은 치우치지 않고 한데 아우르는 융합과 중용의 덕목이다.

아무리 자유로이 살고 싶어도 자신을 무겁게 억누르는 운명의 질곡을 황진이는 벗어날 수도 없었다. 또한 불우함 속에서도 결코 인간의 존엄성 회복을 위한 기대와 열정을 누그러뜨릴 수 없었다. 그렇기에 튄다고 할 정도로 기이하게 비치고 지나치게 변화무쌍한 듯이 느껴질지라도 그녀의 지향과 삶은 단순히 과장이나 거짓이 아니었다. 오히려 외적인 일탈과 분방에는 내적 진실과 질서가 균형을 이루고 있었다.

그녀는 국색이라 할 만큼 예뻤고 사내들과 애틋한 사랑도 구가했으나 오히려 그녀는 꾸미는 걸 싫어하고 사랑에만 집착하지 않았다. 누구보다 학문을 좋아하고 지식과 재능을 소유했지만 배우고 가진 자들의 위선과 명분을 경멸하며 자신의 안일과 교만을 반성하기도 했다. 아름다운 세상과 진실한 세계에 도달하기 위해 그녀는 치열하게 자신을 비우면서 채워나가야 했고 자신을 우아하면서도 소박하게 가꿔가지 않으면 안 되었다. 가능하면 구태에 안주하지 않으면서도 신뢰받을 수 있는 인간이 되어야 했다. 황진이는 항상 외로우면서도 도도했고, 감성적이면서도 이성적이었다. 그녀는 연약하면서도 강인한 여성이었다. 때문에 기쁨도 있었으나 슬픔이 있었고, 타인에 대한 분노만큼이나 자신에 대한 불만도 클 수밖에 없었다. 이 상반과 극단이 교차하는 공존의 지점에 그녀의 실체가 존재하고 가치가 있다는 점을 간과해서는 안 될 것이다.

지금까지 황진이에 대한 평가는 너무나 극단적인 편이었다. 크게 보아 한쪽에서는 기생으로서 시를 비롯해 악가무를 통해 남성들과 자유롭게 교류한 예능인이라는 점, 다른 한쪽으로는 지적인 욕구가 강렬한 여성으로서 화담학파의 일원이었던 지식인이란 점을 부각시켰다고 할 수 있다. 어느 쪽으로든 한 방향으로 기우는 것은 바람직하지 않을 뿐만 아니라 실제로 황진이는 두 방면을 한데 아우르는 성향을 보였다. 그녀는 풍류적이면서 지성적인 여성이었다. 황진이는 진정한 멋과 자유를 가슴으로 원했을 뿐만 아니라 참된 인간의 구현을 위해 지적 긴장을 풀지 않고 지내왔다.

황진이는 신비롭게 나타났다 홀연히 사라져버린 바람과 같은 존재요, 이른바 풍류적 인물이었다. 그녀는 당대 최고의 예술가들과 교류했던 걸출한 여성으로서 타고난 미모에

다가 재능이 뛰어나고 시문에 밝으며 노래 또한 절창이었다. 사람들 사이에서 천재나 선녀로까지 불린 풍류적인 인물이었다. 그러나 황진이는 거기에 그치지 않았다. 지성인으로서 고고한 품성을 지키려 부단히 정진하였다. 그러므로 풍류적인 사람들을 좋아하면서도 가식적이고 권위적인 경우 가차 없이 조롱했다. 또한 반사회적 비인간적 현실을 비난하면서도 자신을 성찰하고 괴로워하기도 했다. 이를테면 사대부나 명사들의 허구성을 꼬집는 반면 고승이나 대학자를 유혹했던 어쭙잖은 자신에 대해 부끄러워하기도 했다. 그녀는 제멋대로 산 것이 아니라 오히려 삶의 본말을 분명히 아는 감성적이면서도 지적인 여성이었다.

황진이는 사대부 남성들과 교류하면서 그녀가 가진 탁월한 예술성과 풍류 정신은 물론 담대한 도량과 고결한 품성으로 그들과 당당하게 맞서 세상을 설득시킬 수 있었다. 현실의 속박을 벗어나고자 했던 신선적 사고는 윤리적 가치를 중시했던 유교적 정신과 만나며, 그 융합의 지점에 그녀의 가치관이 자리 잡고 있다. 그러한 역량을 기반으로 자신의 입지와 의지대로 끝내 숭고한 인품을 지닌 최정상의 예술가가 되었다. 이는 여성이나 기생으로서 이루기 힘든 것이며 사대부 남성들도 쉽지 않은 일이다. 특히 제도나 인식 면에서 자신의 운명을 스스로 정할 수 있는 독자적인 개인이 되기 힘든 기생의 입장에서는 더욱 기대하기 어려운 일이다.

황진이는 풍류적 지성인이다. 미모로 지족선사를 흔들어났고 소리를 찾아 송겸과 이언방을 만났고 자유를 구가하기 위해 이생과 금강산으로 떠났던 풍류적 인물이다. 한편 벽계수를 도량이 부족한 인물임을 지적하고 소세양의 교만함도 깨닫게 했으며 서경덕의 고매한 인품에 무릎을 꿇었던 지성인이다.

황진이는 풍류를 이해하지 못하는 경직된 권력자, 교양이 없는 저속한 풍류객 등을 만나면서 인간의 어리석음을 느끼지 않을 수 없었다. 더구나 자신이 지닌 재능과 미모, 그에 따른 쏟아지는 주위의 관심과 선망 등은 오히려 자아의 갈등을 부추길 수 있었다. 그녀는 봉건적 제도 아래 허세와 가식으로 가득 찬 뭇 남성들 때문에 불쾌해하면서도 한편으로 자신의 부끄러운 삶의 궤적 속에서 자조적인 태도를 보였던 외로운 존재였다. 그녀는 신뢰와 진실이 결핍된 인간적 모순을 극복해보려는 노력을 예술적으로 승화시킴으로써 설득력을 확보할 수 있었다.

　이렇듯, 이념성을 배제하지 않으면서 예술성을 최고조로 끌어올리는 균형 있는 창작적 성과와 더불어 그녀가 가진 총체적 역량을 극대화시키는 삶은 인간의 신뢰에 대한 집요한 관심과 실현 의지의 표명이라 하겠다. 기생 황진이는 예인으로서의 자유롭고 아름다운 삶을 그리워하면서 완고한 사회질서와 도덕률을 조소하고 양심과 의리를 온전히 가꾸어가고자 했던 '풍류적 지성인'이었다.